Bettina Ried

ELTERN TURNEN MIT DEN KLEINSTEN

Anleitungen und Anregungen zur Bewegungsförderung
mit Kindern von 1-4 Jahren

Illustrationen von Gabi Höppner

Ökotopia Verlag, Münster

Impressum

Autorin: Bettina Ried
Titelgrafik: Yvonne Hoppe-Engbring
Illustrationen: Gabi Höppner
ISBN: 978-3-925169-89-2

Herstellung

Satz: art applied, Medienproduktion Hennes Wegmann

© 1996, by Ökotopia-Verlag, Münster

6 7 8 9 10 · 10 09 08 07

Inhalt

Einführung: 4

Warum Kleinkinderturnen? 6

Das Kleinkind von 1 bis 4 Jahren und seine Entwicklung 8

Methodische Grundregeln für das Kleinkinderturnen 13

Übungseinheiten (Turnstunden) 17
    Üben mit dem Luftballon 17
    Üben mit dem Bohnensäckchen 21
    Üben mit verschiedenen Bällen 25
    Üben mit Papprollen 28
    Üben mit Bierdeckeln 31
    Üben mit dem Besenstiel 34
    Üben mit dem Seil 39
    Üben mit dem Kissen 43
    Üben mit der Zeitung 46
    Üben mit dem Handtuch 50
    Üben mit dem Bettlaken 54
    Üben mit Stuhl und Tisch 58
    Üben mit dem Langbrett 61
    Üben mit der Matratze 64
    Üben im Wasser 67
    Üben auf dem Waldspaziergang 71
    Üben auf dem Spielplatz 71

Förderung bestimmter Fähigkeiten und Fertigkeiten 72
    Aufwärmübungen 72
    Übungen zur Förderung der Koordination 75
    Übungen zur Förderung der Ausdauer 78
    Übungen zur Förderung der Grundfertigkeiten 80
    Übungen zur Haltungsschulung und Muskelkräftigung 87
    Übungen zur Wahrnehmungsförderung 95
    Übungen zur Gleichgewichtsförderung 96
    Übungen zur Bewegungserfahrung 99
    Übungen zur Rhythmikschulung, Lieder und Tänze 104

Literaturauswahl 107

Die Autorin 109

Einführung

Kleinkinderturnen
Was dieses Buch will und an wen es sich richtet

Sie haben dieses Buch zur Hand genommen, weil Sie gern mit Ihrem Kind turnen möchten. Sie möchten es dadurch in seiner Entwicklung unterstützen und seine Freude an sportlicher Betätigung wecken.

Dieses Buch hilft Ihnen dabei, indem es Anregungen bietet, wie Sie das Turnen interessant und abwechslungsreich gestalten können. Es zeigt, wie Sie als enger Vertrauter des Kindes seine körperlichen Aktivitäten sinnvoll fördern und lenken können. Dies muß nicht notwendigerweise im Rahmen einer Turnstunde - sei es zu Hause, mit Freunden oder in der Turnhalle - geschehen, auch eine Anregung auf dem Spielplatz, während eines Spazierganges oder während des freien Spiels im Hause kann wichtige Impulse für die motorische Entwicklung geben.

Ihr Engagement ist gefragt. Dulden Sie den natürlichen Bewegungsdrang nicht nur, sondern fördern und ermuntern Sie Ihr Kind, Neues auszuprobieren - auch wenn es manchmal gewagt erscheint. Geben Sie Ihrem Kind den Freiraum und den Anreiz, den es braucht, um seine Leistungsfähigkeit, seinen Mut und seine Fertigkeiten auszuprobieren. Möchte Ihr Kind auf dem Gang zum Bäcker auf einem Mäuerchen balancieren? Schenken Sie ihm diese fünf Minuten! Lassen Sie es das Tempo selbst bestimmen und Ihre Hand nur dann ergreifen, wenn es herunterzufallen droht. Seine Fähigkeiten und Fertigkeiten können sich nur entwickeln, wenn man ihnen die Gelegenheit dazu gibt.

Haben Sie die Möglichkeit, mit Ihrem Kind das entsprechende Angebot eines Sportvereins wahrzunehmen, so wird dies eine große Bereicherung für Sie und Ihr Kind sein. Allerdings sind Sie der wichtigste Lehrer Ihres Kindes, der durch keine noch so gut ausgebildete Fachkraft ersetzt werden kann. *Sie* sind ein wichtiges Vorbild, denn selbst mit vier Jahren ist es oft noch zu klein, um sich allein als Teil in eine große Gruppe einzufügen. Sie schaffen ideale Voraussetzungen für eine sinnvolle spätere Bewegungserziehung, wenn Sie in die häusliche Umgebung noch ein oder zwei Kinder einladen und gemeinsam turnen.

Das Wichtigste allerdings: nehmen Sie sich so viel Zeit für das Kind, wie es verlangt. Je mehr Zeit Sie in der frühen Kindheit investieren, desto mehr Zeit und Ruhe wird es Ihnen in späteren Jahren zurückgeben.

Wie Sie mit diesem Buch arbeiten

Wahrscheinlich möchten Sie gleich anfangen zu turnen. Wählen Sie eine der Stunden des Kapitels „*Übungseinheiten (Turnstunden)*" aus, nachdem Sie diese Zeilen gelesen haben, und beginnen Sie.

Die Übungen dieses Buches sind nach Altersgruppen eingeteilt. Hierbei sind jedoch sehr große individuelle Unterschiede durchaus normal, so daß Sie mit Ihrem Kind eventuell Übungen durchführen können, die für eine höhere Altersgruppe gedacht sind. Auch sollten Sie, solange es Ihrem Kind nicht langweilig wird, auch die Übungen ausprobieren, die für niedrigere Altersgruppen vorgeschlagen werden. Sind bei einer Übung keine Altersangaben gemacht, ist sie für Kinder aller drei Gruppen geeignet.

Jede Turnstunde sollte etwa eine halbe bis eine Stunde dauern, jedoch kann hier nach oben und nach unten beliebig variiert werden. Ideal wäre es, wenn Sie jeden Tag turnen könnten, aber auch eine einzelne Übung, im passenden Moment angebracht, ist sinnvoll! Sie können Übungen auslassen, verändern oder hinzuerfinden. Die Reaktion Ihres Kindes zeigt, ob Sie das Richtige getroffen haben. Beim Zusammenstellen neuer Übungsfolgen berücksichtigen Sie die im Kapitel *„Methodische Grundregeln für das Kleinkinderturnen"* aufgezeigten methodischen Grundsätze.

Ihr Turnraum sollte möglichst groß und hell sein, mit großer Freifläche; gut gelüftet, jedoch ohne Zugluft. Turnen Sie möglichst leicht bekleidet und am besten barfuß. Soweit die Witterung es erlaubt, führen Sie Ihre Turnstunde im Freien (Garten, Hof, Spielplatz) durch.

Bevor Sie eine Turnstunde beginnen, lesen Sie die Beschreibung ganz durch. Stellen Sie sich Ihr Kind beim Durchführen jeder einzelnen Übung vor und erfassen Sie die Systematik der Übungsabfolge. Legen Sie das Material bereit und beginnen Sie. Sehen Sie während der Turnstunde so wenig wie möglich ins Buch, das Turnen soll spontan sein. Alle Übungen, die mit einer Hand oder einem Fuß beschrieben sind, werden erst mit dem einen und dann mit dem anderen ausgeführt.

Wenn Sie etwas Zeit haben, können Sie Ihr Hintergrundwissen über die Entwicklung des Kindes und das Lernen von Bewegungen vertiefen. Dies wird Ihnen helfen, die Turnstunde noch gewinnbringender zu gestalten, weil Sie Ihr Kind besser unterstützen können und seine Reaktionen besser verstehen.

Vielleicht möchten Sie ein konkretes Problem mit Hilfe des Turnens angehen. Im Kapitel *„För-*
derung bestimmter Fähigkeiten und Fertigkeiten" (S. 72 ff) finden Sie zusätzliche Übungen zur Koordinationsförderung, zur Haltungsschulung, zur Förderung der Ausdauer etc. Diese Übungen können Sie je nach Gelegenheit in den normalen Tagesablauf einfügen oder nach dem Muster der *Turnstunden* selbst zusammenstellen. Achten Sie darauf, daß einer Übung mit Belastung einer bestimmten Muskelgruppe eine andere Übung folgt, die eine andere Muskelgruppe belastet, um einseitige Belastung oder Überbelastung zu vermeiden. Ihr Kind wird Ihnen zu verstehen geben, wann die Belastung, nicht nur die körperliche, zu groß ist: es verliert die Lust. Respektieren Sie dies, denn Ihr Kind wird, wenn es sich erholt hat, sein Können weiter ausprobieren.

Sämtliche Übungsvorschläge in diesem Buch wurden sorgfältig ausgearbeitet und überprüft. Dennoch können weder Autorin noch Verlag für eventuell entstehende Sach- oder Personenschäden haftbar gemacht werden.

Warum Kleinkinderturnen?

Kinder bewegen sich doch schon im täglichen Leben immerzu. Wozu dann noch Turnen? - In manchen Situationen mag ein Kind tatsächlich über ausreichende Möglichkeiten verfügen, sich so vielfältig zu bewegen, daß seine Entwicklung bestmöglich gefördert wird. Wie oft jedoch setzen wir unser Kind in den Kinderwagen, weil eben schnell noch etwas besorgt werden muß. Wie oft helfen wir ihm, die Treppe hinaufzusteigen, auch wenn es vielleicht gern ausprobieren würde, ob es die Treppe rückwärts oder auf Händen und Füßen hinaufklettern kann. Nehmen wir uns etwas Zeit und geben wir unserem Kind die Möglichkeit, Neues auszuprobieren und daran zu lernen.

Mit Turnen ist nicht Leistungssport gemeint, in dem der Wettkampf und der Wille zum Sieg das Handeln bestimmen. Wir möchten die Freude an der sportlichen Betätigung wecken und erhalten, die Freude am gemeinsamen Streben nach höheren Zielen und nach der Überwindung von Schwierigkeiten. Dabei und dadurch erreichen wir, daß die Kinder sich rundum wohlfühlen.

Die motorischen Aktivitäten unterstützen die gesunde Entwicklung unseres Kindes in vielfacher Hinsicht. Das Herz-Kreislauf-System wird durch wohldosierte Belastung gestärkt und hat damit eine solide Grundlage für spätere Ausdauerleistungsfähigkeit und verringert die Gefahr von Herz-Kreislauferkrankungen.

Der dem Kind innewohnende, natürliche Bewegungsdrang stärkt die Muskulatur. So wird Haltungsschäden wirksam vorgebeugt. Wir müssen diesen Bewegungsdrang nur dahingehend lenken, daß es nicht zu einseitiger, überwiegend einzelne Teile des Bewegungsapparats beanspruchender Belastung kommt.

Das Erproben neuer Bewegungen erweitert den Erfahrungsschatz des Kindes. Auf diese Weise werden sowohl die Organe, die die Bewegung steuern, als auch die Sinnesorgane in ihrer Entwicklung entscheidend gefördert. Ein Kind, das ein breitgefächertes Spektrum von Bewegungserfahrungen in möglichst frühem Alter sammeln konnte, zeigt weniger Schwierigkeiten beim Erlernen komplexer feinmotorischer Bewegungsabläufe wie Schreiben oder Klavierspielen als ein Kind, dessen Bewegungserfahrungen eingeschränkt oder einseitig waren. Mit anderen Worten: Laufenlernen ist gut, aber Krabbeln, Rutschen, Robben, Kriechen, Springen, Hüpfen, Hopsen, Hinken, Riesen- und Zwergenschritte machen in alle Richtungen und auf alle möglichen, verrückten Arten ist besser!

Aber nicht nur für die körperliche Entwicklung ist Turnen notwendig. Durch die Begeisterung, die das Kind beim Sich-Bewegen empfindet und die sich auch in der Turnstunde zeigt, wird Sport von Anfang an als angenehm empfunden. Damit sind die Weichen für eine positive Grundeinstellung zu sportlicher Betätigung gestellt, die als entscheidender Faktor für die Gesunderhaltung wahrscheinlich ein Leben lang erhalten bleibt.

Der enge körperliche und geistige Kontakt mit der Bezugsperson während des Turnens festigt die Bindung des Kindes. Damit wächst das Gefühl von Sicherheit und Geborgenheit, aus dem heraus sich allmählich das Selbstvertrauen und die Aufgeschlossenheit jeglichem Neuen gegenüber entwickelt.

Die motorische Aktivität beeinflußt auch die geistige Entwicklung. Nicht von ungefähr schreibt der Kinderpsychologe Jean Piaget: "*Begreifen* kommt von *Greifen!*" Jede Bewegungserfahrung bereitet den Boden, aus dem durch Verinnerlichung der motorischen Handlungen geistige Prozesse erwachsen können. Wer erinnert sich nicht an das mechanische Zählen und Rechnen an seinen eigenen Fingern, das dem von gedanklichen Prozessen getragenen Kopfrechnen vorangeht.

Genauso können beispielsweise physikalische Gesetze am besten begriffen werden, wenn sie am eigenen Körper erfahren wurden.

Unter idealen Bedingungen kann ein Kind all diese fördernden Reize auch ohne gezielte Maßnahmen erfahren. Aber welches Kind kann für sich einen Garten zum Spielen und Toben beanspruchen, mit Kletterbäumen und weichem Rasen, mit Sand- und Kiesboden zum Barfußlaufen, mit Mauern und Stangen zum Balancieren und Übersteigen, zum Hängen, Schaukeln und Schwingen; mit vielfältigen, die Phantasie herausfordernden Dingen, mit Spielkameraden, die Denkanstöße zum Experimentieren geben, und vor allem mit viel Zeit, all dies zu nutzen? Viel zu viele Kinder sind viel zu viel Zeit in engen Wohnungen eingesperrt, müssen sich in einen von Erwachsenen bestimmten Zeitplan einfügen und werden, oftmals mit bester Absicht, vor allen Wagnissen und Risiken behütet.

Wir können und wollen nicht das tägliche Leben der Familie von Grund auf ändern. Allerdings können wir unser Möglichstes tun, die Kinder auf die vielfältigen und immerfort wachsenden Anforderungen vorzubereiten, die sich ihnen in ihrem Leben stellen werden. Täglich einige Minuten gemeinsamen Tuns im Sinne einer kindgerechten sportlichen Betätigung können einen wichtigen Beitrag hierzu leisten.

Das Kleinkind von 1 bis 4 Jahren und seine Entwicklung

Die motorische Entwicklung ist in diesem Alter hauptsächlich eine Folge der Aneignung neuer Fertigkeiten. Das Training von Fähigkeiten wie Ausdauer, Kraft und Schnelligkeit hat untergeordnete Bedeutung.

Die Ausdauer beschränkt sich auf kurzzeitige Leistungen relativ geringer Intensität mit zwischengeschalteten Pausen, wie z.B. bei Nachlaufspielen. Langdauernde Leistungen von gleichmäßiger Intensität wie z.B. Wandern in gleichmäßigem Tempo fallen Kindern wesentlich schwerer. Die Entwicklung der Kraft ist größtenteils übungsabhängig, jedoch sollte die Belastung gering gehalten werden, um bleibende Schäden, vor allem am Knochenbau, zu vermeiden. Die Koordination beschränkt sich meist auf Ausführung der Bewegung in ihrer Grobform, die bis zum Ende des zweiten Lebensjahres gewöhnlich durch Nachahmung erlernt wird. So formt das Kind mit den Händen ein »Körbchen« zum Fangen eines Balles eher nach dem Vorbild eines Erwachsenen oder anderen Kindes als nach einer verbalen Aufforderung. Ab dem dritten Lebensjahr können dann zunehmend auch verbale Hinweise verarbeitet werden wie »Nimm den Stock zu Hilfe, um das Auto herzuholen!«, ohne daß die Bewegung gezeigt werden muß. Trotzdem ist auch das Sprechen zu Kindern, die den Inhalt der Äußerungen noch nicht vollständig erfassen können, sinnvoll, da es die Sprachentwicklung unterstützt und das Zusammengehörigkeitsgefühl fördert.

Grundprinzipien der motorischen Entwicklung

Die Entwicklungsforschung hat festgestellt, daß die Reifung immer in einer bestimmten Richtung stattfindet: vom Kopf zu den Füßen und von der Mitte (Rumpf) nach außen: So wird erst die Muskulatur des Kopfes (Mund und Augen) beherrscht, danach die des Rumpfes, der Arme und zuletzt die der Beine. Erst wird die Muskulatur des Rumpfes beherrscht, danach die der Schultern, des Beckens, schließlich die der Ellenbogen- und Kniegelenke und zuletzt die der Hände und Füße. So gehen die Bewegungen eines Zweijährigen beim Malen von den Schultern aus, erst später wird die Bewegung im Handgelenk ausgeführt und erst im Schulalter ist die Führung des Stiftes durch die Finger möglich.

Beim Erlernen einer Bewegung wird zuerst eine Grobform ausprobiert, die sich mit zunehmendem Üben immer mehr verfeinert und damit zugleich weniger anstrengend, genauer und harmonischer wird. Gleichzeitig wird die Bewegung automatischer: ein immer größerer Anteil der Teilbewegungen wird unbewußt ausgeführt. Das Ausprobieren einer Bewegung unter verschiedenen Bedingungen festigt das Bewegungsmuster und ermöglicht eine erfolgreiche Ausführung auch unter Einfluß von Störfaktoren, wie z.B. Balancieren mit einer schaukelnden Tasche in der Hand oder Hüpfen auf unebenem Boden.

Entwicklungsetappen

Die folgende Darstellung stützt sich auf die von Ernst J. Kiphard entwickelte Tabelle von Bewegungs- und Sinnesleistungen, deren Erwerb für bestimmte Entwicklungsstufen typisch ist (90 % der untersuchten Kinder wiesen das beschriebene Verhalten auf). Wir beschränken unsere Darstellung auf die wichtigsten Entwicklungsschritte des Handgeschickes und der Körperkontrolle sowie auf einige sensorische bzw. sprachliche Leistungen. Eine ausführliche Beschreibung der Entwicklung der Motorik von der Geburt bis zum Erwachsenenalter können Sie bei Meinel nachlesen. Einige Leistungen werden zwar nicht von Kiphard, jedoch von dem Sportwissenschaftler Meinel als typisch für das entsprechende Alter angeführt.

In der Entwicklung sind individuelle Verschiebungen absolut normal. So können zwei Kinder desselben Alters sich in unterschiedlichen Entwicklungsphasen befinden, ohne daß dies Anlaß zur Beunruhigung sein müßte. Wenn Sie bei Ihrem Kind Verhaltensweisen beobachten, die stark von den altersentsprechenden Angaben abweichen (nach oben oder nach unten!), sprechen Sie Ihren Kinderarzt darauf an.

Für einen eingehenden Test des Entwicklungsstandes finden Sie in dem Buch von E.J. Kiphard ausführliche Test- und Auswertungsanleitungen.

1. Lebensjahr:

Das Kind kann
- sich aus der Rücken- in die Bauchlage wälzen (sich um die Längsachse des Körpers drehen)
- eine kurze Strecke auf dem Bauch robben
- eine Minute lang allein sitzen
- auf Händen und Knien in Bankstellung stehen
- sich an Möbelstücken zum Stand hochziehen und stehenbleiben, wenn ihm geholfen wird, das Gleichgewicht zu halten oder wenn es sich irgendwo festhalten kann
- gut im Stuhl sitzen bzw. sich allein aufsetzen, aufrecht knien sowie krabbeln
- mit den Händen einen handgerechten Gegenstand greifen und loslassen
- mit beiden Händen gleichzeitig je einen Gegenstand greifen
- einen Gegenstand von einer Hand in die andere geben
- einen Gegenstand herumdrehen, um ihn von allen Seiten anzusehen und ihn schütteln
- einen kleinen Gegenstand pinzettenartig mit Daumen und Zeigefinger (beider Hände) ergreifen
- mit den Augen die Bewegungen der eigenen Hände, eine gehende Person und herabfallende Gegenstände verfolgen
- mit den Händen das eigene Spiegelbild befühlen
- die Trinkflasche erkennen
- Spielzeug, das vor seinen Augen mit einem Tuch zugedeckt wurde, wieder »entdecken«

2. Lebensjahr:

Das Kind kann
- unter Festhalten an Möbeln oder am Kinderwagen und später allein gehen
- Gegenstände (Kinderwagen, Spielkiste) schieben
- ohne Unterstützung stehen und 10 Schritte gehen
- einem rollenden Ball nachsehen
- im Bücken Dinge aufheben
- ohne Hilfe aus dem Sitzen aufstehen
- auf dem Bauch eine Treppe hinaufkrabbeln
- in der Hocke Dinge vom Boden aufheben
- fünf Meter rennen, ohne hinzufallen
- rückwärts fünf Schritte gehen, ohne hinzufallen (z.B. ein Spielzeug rückwärtsgehend hinter sich herziehen)
- selbständig eine Treppe hinaufsteigen, sich dabei am Geländer festhaltend
- ohne Hilfe auf einen Stuhl steigen und dann aufrecht auf dem Stuhl stehen, sich dabei an der Lehne festhaltend
- einen Ball mit dem Fuß kicken, ohne dabei das Gleichgewicht zu verlieren
- sich mit hochgehaltenen Armen und gestreckten Beinen mit Unterstützung wälzen
- einen ihm zielgenau und langsam zugeworfenen Ball oder Luftballon in »Körbchenhaltung« fangen
- einen benannten Körperteil (Augen, Hände, Füße, Bauch usw.) an sich selbst zeigen
- auf die Frage »Möchtest Du .. ?« reagieren

3. Lebensjahr:

Das Kind kann
- Buchseiten umblättern
- einen kleinen Stock in eine Röhre (Toilettenpapierrolle) einführen
- eine Flasche so umkippen, daß eine darinliegende Perle herausrollt
- einen Tennisball mit einer Hand über den Kopf werfen
- einen Turm aus 4 Würfeln bauen
- einen kleinen Rechen o.ä. benutzen, um einen begehrten Gegenstand zu sich hin zu ziehen (z.B. vom anderen Ende des Tisches her)
- das Wasser aus einem halbvoll gefüllten Becher ohne Verschütten in einen anderen um- und wieder zurückschütten
- in tiefer Hockstellung längere Zeit spielen
- eine Treppe ohne Festhalten hinaufsteigen, dabei immer denselben Fuß vor- und den anderen nachsetzend
- eine Treppe mit Festhalten am Geländer hinabsteigen
- ohne Festhalten eine Treppe hinabsteigen, einen Fuß vor- den anderen nachsetzend
- drei Sprossen einer Trittleiter hinaufsteigen
- mit herunterhängenden Armen gehen, ohne das Gleichgewicht zu verlieren
- beidbeinig vom Boden hochspringen
- drei Meter auf den Zehen (Fußballen) gehen, ohne daß die Fersen den Boden berühren
- mit geschlossenen Füßen und geschlossenen Augen zehn Sekunden lang stehen, ohne das Gleichgewicht zu verlieren
- 15 Meter mit weit ausgreifenden Schritten und Armrudern rennen
- mit Anlauf eine Bodenmarkierung aus einbeinigem Absprung überspringen (kein Schritt)
- mit beiden Beinen von der untersten Treppenstufe abspringen (kein Schritt)
- sich selbst auf ebener und glatter Fläche (in Bauchlage) vorwärts ziehen und fußwärts schieben
- sich an einer Stange festhaltend hängen und (mit Unterstützung) schaukeln
- einen Doppelauftrag ausführen, z.B.» Bring den Teddy her und dann mach die Tür zu!«
- sechs benannte Körperteile an sich selbst oder einer anderen Person zeigen
- unterscheiden, ob ein oder zwei gleichartige Schlaggeräusche erzeugt wurden (z.B. Händeklatschen oder Klopfen)
- zwei verschiedene Größen, Farben und Formen (Kreise und Dreiecke) zuordnen
- vor seinen Augen versteckte Dinge finden
- »eins« und »viele« unterscheiden (Hierbei kommt es nicht darauf an, daß das Kind die Bedeutung der Worte »eins« und »viele« kennt, sondern daß es nach Ihrem Vorbild einen oder mehrere kleine Gegenstände aus einer größeren Menge entnehmen kann)

4. Lebensjahr:

Das Kind kann
- Spielgegenstände nach »Tieren« und »Autos« sortieren
- die Mengen »eins« und »zwei« optisch unterscheiden
- zwei geradlinig durchgeschnittene Tierbilder wieder richtig zusammensetzen
- sich selbständig anziehen
- einen geschlossenen Kreis nach Vorlage zeichnen
- einen Turm aus 8 Würfeln bauen
- einen Stift mit den Fingern, nicht in der Faust halten
- einen Schraubverschluß auf- und zudrehen bzw. einen Schlüssel in beide Richtungen drehen
- eine Kugel und eine Schlange aus Knetmasse formen
- Knöpfe auf- und zumachen
- Dreirad oder Gocart fahren (d.h. sich durch flüssiges Treten der Pedale selbständig fortbewegen)
- einen gut aufgeblasenen Luftballon zweimal hintereinander aus der Luft hochkicken
- ein Wasserglas, gefüllt bis 1 cm unter dem Rand, 3 m weit tragen, ohne etwas zu verschütten
- 3 m weit auf einem fußbreiten Streifen balancieren, ohne nennenswert abzuweichen
- beidbeinig 5 cm hoch und 20 cm weit springen
- ohne Festhalten und ohne Nachstellschritte eine Treppe hinaufsteigen
- beim Gehen die Arme gegengleich mitschwingen
- 2 Sekunden lang auf einem Bein stehen, rechts und links abwechselnd
- auf einem Bein einmal hüpfen (rechts oder links)
- mit geschlossenen Füßen fünfmal hintereinander hüpfen
- von einer federnden Fläche (Sofa, Couch, Sessel) mit geschlossenen Füßen hinabspringen, ohne sich im Absprung oder bei der Landung festzuhalten oder mit den Händen abzustützen
- mit Unterstützung eine Rolle vorwärts (»Purzelbaum«) machen
- die Begriffe »groß - klein«, »eckig - rund«, »auf - unter«, »morgens - abends« richtig den entsprechenden Gegenständen bzw. Tätigkeiten zuordnen, sowie »rechts« und »links« insofern unterscheiden, als es beide Begriffe unterschiedlichen Seiten zuordnen kann. Ob die rechte Hand nun wirklich rechts gezeigt wird oder etwa links, ist hierbei bedeutungslos
- die Begriffe »eins«, »zwei« und »viele« unterscheiden

Methodische Grundregeln für das Kleinkinderturnen

Die hier aufgezeigten Grundregeln und Tips zum »Wie« der häuslichen Turnstunde sollen Ihnen bei der Durchführung Ihrer Turnstunde helfen. Es gibt jedoch keine allgemeingültigen Schritt-für-Schritt-Anleitungen, denn jedes Kind ist anders. Nur wenn Sie individuell auf Ihr Kind eingehen, können Sie sicher sein, es gemäß seinen Möglichkeiten und seinen Bedürfnissen optimal zu fördern. Aus demselben Grund finden Sie in den Übungsbeschreibungen keine Angaben über Anzahl der Wiederholungen einer Übung. Ihr Kind wird Ihnen durch schwindendes oder beständiges Interesse zeigen, wenn es ein Bewegungsmuster ausreichend geübt hat, oder wenn es weitere Wiederholungen braucht.

1. Genügend Raum und nicht zu wenig (aber auch nicht zu viel!) Anregung

Stellen Sie ausreichend Bewegungsraum mit wechselnden, anregenden und herausfordernden Materialien zur Verfügung. Je mehr freie Spielfläche (Fußboden) im Kinderzimmer und auch draußen (Garten, Hof, Spielplatz) vorhanden ist, desto freier kann das Kind sich entfalten. Es wird ständig durch seine Umwelt herausgefordert, sie zu erfahren, sich mit ihr auseinanderzusetzen und sie zu bewältigen. Je selbstständiger und eigenverantwortlicher es dies tun kann, desto besser kann es unbekannte Situationen und Probleme meistern.

Die Turnstunde ist also eine Zeit, die sich durch andere Anordnung der Möbel in der Wohnung (Beiseiterücken von Stühlen und Tischen, Bereitstellung von »Turngeräten«) und/oder besonders intensive Hinwendung der Bezugsperson zum Kind vom Alltag abhebt. Andere Pflichten treten für diese Zeit in den Hintergrund. Diese Hinwendung bedeutet jedoch nicht Lenkung und Anweisung, sondern *Aufforderung zum Ausprobieren und Anregung zum Experimentieren* mit den eigenen Möglichkeiten. Dafür muß das Angebot an Materialien abwechslungsreich, aber stets begrenzt sein. Ein Überangebot zerstreut das Interesse und hemmt die Kreativität mehr als sie zu fördern.

2. Motivation und Reife sind Voraussetzung für Lernen

Jegliches Handeln wird durch ein Motiv angeregt. Ein Mensch ißt, weil er Hunger oder Appetit verspürt. Ein Kind spielt, weil ihm der Spieltrieb innewohnt und es von einem Objekt angeregt wird. Ein Kind lernt, den Löffel beim Essen selbst zu halten, weil es das Vorbild nachahmen möchte und weil es von der Bezugsperson bei den ersten Versuchen ermutigt (gelobt) wurde. Es legt unerwünschte Verhaltensweisen ab, weil es die beim ersten Mal angewendete Strafe (z.B. verneinender Gesichtsausdruck der Bezugsperson, Entzug liebevoller Gesten, strafende Worte oder Gesten) vermeiden möchte. Ein Kind lernt, die heiße Backofentür zu meiden, weil es das unangenehme Erlebnis des Verbrennens vermeiden möchte.

All diese Lernprozesse können nur unter zwei Voraussetzungen stattfinden. Einerseits muß das Kind die notwendige *physiologische Reife* erreicht haben, so daß die ankommenden Informationen verarbeitet und eine Reaktion erfolgen kann. Es kann erst lernen, mit dem Löffel zu essen, wenn es sitzen kann. Dann hat es die Hände frei, um den Löffel zu halten. Andererseits muß es ein *Motiv* haben, das es lohnenswert macht, eine Verhaltensweise zu lernen. Dies kann ein Zuwachs an Zufriedenheit sein, in unserem Beispiel die größere Selbständigkeit oder Anerkennung (Lob) der Bezugsperson. Es kann auch eine Verringerung von Unbehagen sein z.B. durch Vermeidung von Strafe oder bekannt unangenehmen Folgen (Verbrennen).

Die positive oder negative Verstärkung einer Verhaltensweise ist ein wichtiges Motiv im Lernprozeß. Positive Verstärkung erwünschter Verhaltensweisen (Lob) ist weitaus wirkungsvoller als negative Verstärkung (Strafe) unerwünschter Verhaltensweisen! Folglich ist Lob bei Erfolgen, auch wenn sie noch so unbedeutend sind, wesentlich sinnvoller und langfristig erfolgreicher als Kritik bei Mißerfolgen.

Für das Gelingen der häuslichen Turnstunde ist es also entscheidend, dem Kind *motivierende Situationen* anzubieten, in denen es sich dann von selbst, seinem Reifegrad entsprechend, aufgrund seines natürlichen Bewegungs- und Spieldranges neue Verhaltensweisen aneignen wird. Das *begeisterte Mitmachen* der Bezugsperson (Mutter, Vater, Großeltern, Betreuer, Betreuerinnen, usw.) stellt ein zusätzliches Motiv dar, weil das Kind die vorgelebte positive Einstellung zum Turnen übernimmt.

3. Alternativen anregen, nicht Übungen vorschreiben

Nicht das Nachmachen von vorgegebenen Übungen, sondern die Förderung des naturgegebenen Entdeckungs- und Bewegungsdranges ist der Motor sinnvollen Turnens. Bringen Sie Ihr Kind dazu, sich selbst, seine Möglichkeiten und seine Umwelt zu erfahren. Ihr Angebot soll zum freiwilligen Mitturnen ermuntern, nichts - auch nicht das Mitmachen! - vorschreiben. Die wichtigste Voraussetzung für das freudige, eigenständige Mitturnen Ihres Kindes ist Ihre eigene Begeisterung: an der Bewegung, an der Beherrschung der Objekte, an der Freude Ihres Kindes über seine eigene Leistung.

4. Der Weg ist wichtiger als das Ziel

Geben Sie so oft wie möglich nur das Ziel vor, nicht den Lösungsweg: Wie können wir den Ball in den Korb bringen? - Sie werden erstaunt sein, wie viele Lösungsmöglichkeiten sich für eine Aufgabe finden lassen. Mit einer Aufgabe dieser Art wächst das Selbstvertrauen: Das Kind erfährt auf praktische Weise, daß seine Idee die Anerkennung desjenigen Menschen findet, der ihm am meisten bedeutet.

5. Divergentes Denken fördern

Kreativität ist in unserer Welt mehr denn je gefragt. Unsere Probleme erfordern neuartige Lösungen, die abseits der eingefahrenen Denkschemata liegen. Nicht das Nach-denken vorgezeichneter Wege ist gefragt, sondern das Neu-denken in andere Richtungen. Um unsere Kinder darauf vorzubereiten, müssen wir ihnen von klein auf angewöhnen, auch außerhalb des »Normalen« liegende Alternativen und Wege in Betracht zu ziehen. Je kleiner das Kind ist, desto mehr spielt sich dies auf motorischer Ebene ab: Warum muß eine Treppe vorwärts, im aufrechten Gang, eine Hand am Geländer hinaufgestiegen werden? Es geht auch anders! Das Kind wird, wenn ihm die Gelegenheit gegeben wird, alle Möglichkeiten ausprobieren und schließlich zu dem Schluß kommen, daß es am bequemsten und schnellsten aufrecht und vorwärts geht. Aber es ist aus eigener körperlicher Erfahrung zu diesem Ergebnis gekommen, hat auf dem Weg zur Lösung verschiedenste Erfahrungen gesammelt und keine Alternative ungetestet gelassen. Dies könnte als dem Alter gemäßes kritisches Hinterfragen angesehen werden. Es hat gelernt, daß es für ein Problem viele mögliche Lösungen gibt. Die einzigen Grenzen, die man dem Kind hierbei setzen sollte, sind die der Sicherheit: alles ist erlaubt, solange niemand dabei in Gefahr gebracht wird.

6. Die Umwelt selbst mitgestalten

Lassen Sie dem Kind Zeit, Dinge selbst zu entscheiden: Das Angebot sollte so offen sein, daß das Kind die Wahl zwischen verschiedenen Alternativen hat. Wollen wir heute mit dem Ball turnen oder mit dem Bettlaken? Sollte Ihr Kind wichtige Themen ablehnen, versuchen Sie, den Grund zu finden.

7. »Helfen« bedeutet oft »behindern«

In den meisten Situationen, in denen Ihr Kind scheinbar Hilfe benötigt, verhindert der helfende Handgriff wichtige Erfahrungen. Ein Kind lernt nicht, allein auf einen Stuhl zu klettern, wenn es hinaufgehoben wird. Manchmal ist das Problem aber nicht so klar erkennbar. Ist der Ball unter einen Schrank gerollt, können Sie ihn hervorholen. Oder Sie können sich flach auf den Boden legen und mit dem Kind zusammen den Boden absuchen: Wo könnte der Ball wohl sein? Was können wir tun, um ihn wieder hervorzuholen, besonders, wenn der Zwischenraum so eng ist, daß man nicht unter den Schrank kriechen kann? Welche Hilfsmittel können wir benutzen? Zwar dauert diese Art der Problemlösung länger als das Hervorholen des Balles. Aber die Erfahrungen, die das Kind auf dem Weg zur Lösung macht, lohnen den Zeitaufwand. Die in diesen Momenten investierte Zeit wird später eingespart werden, wenn das Kind immer weniger Hilfe benötigt! Ein so angeleitetes Kind wird früher in der Lage sein, allein auf einen Stuhl zu klettern bzw. sein Spielzeug selbst zu finden als eines, dem die Lösung seiner Probleme vorweggenommen wurde. Diese Vorgehensweise ermöglicht einen wichtigen Schritt auf dem Weg zur Selbständigkeit, den wir unseren Kindern nicht vorenthalten dürfen.

8. Eine Gegenfrage ist oft besser als eine Antwort

Beantworten Sie die Fragen Ihres Kindes nicht abschließend, sondern bringen Sie es nach Möglichkeit dazu, selbst die Antwort zu finden, auch wenn es lange dauert! Lenken Sie es mit helfenden Gegenfragen in die Richtung, in der es weiter nach der Antwort suchen kann.

»Mami, warum legst du die Matratze da neben den Tisch?« - »Was wollen wir jetzt machen?« - »Turnen.« - »Und was machen wir im Turnen gern?« - »Ballspielen.« - »Und was noch?« - »Springen.« - »Was passiert, wenn du von dem Tisch runter auf den harten Fußboden springst?« - »Dann tue ich mir weh.« - »Und wenn du nicht auf den Fußboden, sondern auf die Matratze springst?« - »Dann tue ich mir nicht weh.« - »Warum?« - »Weil die Matratze weich ist.«

Aufgrund des unterschiedlichen Weltbildes von Kindern und Erwachsenen kommt es vor, daß das Kind bei solchen Dialogen zu anderen Antworten als den erwarteten kommt, die es aber durchaus zufriedenstellen. Oft ist eine Korrektur im Sinne des Weltbildes der Erwachsenen nicht unbedingt sinnvoll. »Mami, warum scheint die Sonne?« - »Was würde wohl passieren, wenn sie nicht scheinen würde?« Die mögliche Antwort: »Es wäre immer Nacht« befriedigt wahrscheinlich die Neugier des Kindes, weil die Sonne eine Funktion im Leben des Kindes erhält. Die Sonne scheint, damit Tag wird und es aufstehen und spielen kann.

Solche Dialoge könnten oft unendlich geführt werden. Das Kind gibt jedoch meist zu verstehen, wann sein Wissensdrang für den Moment befriedigt ist. Geben Sie in diesem Moment eine abschließende Antwort, um keine Unlust aufkommen zu lassen.

9. Sicherheit und Geborgenheit vermitteln

Vermitteln Sie dem Kind immer das Gefühl der Sicherheit und Geborgenheit. Spott und Ironie verunsichern! Andererseits behindert übermäßiges Behüten seinen Drang, die Umwelt selbständig zu bewältigen. Wenn Sie das Kind bei seinen Entdeckungen und Erfahrungen begleiten, ohne es dabei führen zu wollen, wird es sich sicher und geborgen fühlen, ohne daß Sie befürchten müssen, es in seinen Entwicklungsmöglichkeiten zu beschränken.

10. Kein Ehrgeiz!

Völlig fehl am Platz ist Ehrgeiz in jeder Form. Es gibt keine Aufgabe, die ein Kind in einem bestimmten Moment unbedingt erfüllen muß. Auch gibt es keinen Grund, schneller zu laufen, weiter zu werfen oder schöner zu tanzen als andere, außer der Freude an der eigenen Leistung. Die Zufriedenheit der Eltern mit dem eigenen Kind sollte dem Glücksgefühl des Kindes über seine eigenen Entdeckungen und Leistungen entspringen, nicht dem Vergleich mit anderen Kindern oder mit irgendwelchen Normen.

11. So oft wie möglich
Die Turnstunde sollte lieber öfter und regelmäßig, z.B. dreimal pro Woche, als unregelmäßig und mit wechselnder Dauer stattfinden. Je jünger das Kind ist, desto wichtiger ist die Regelmäßigkeit in seinem Tagesablauf. Es fühlt sich umso sicherer, je beständiger seine Umwelt ist. Folgt auf das Frühstück jeden Tag ein Spaziergang und auf diesen das Spielen zu Hause, wird die Tatsache, daß bestimmte Dinge in bestimmter Reihenfolge passieren, zu einer Konstanten in seinem Leben. Die Ungewißheit über das, was kommt und die Unsicherheit reduzieren sich auf ein Minimum, und das Kind kann Unerwartetem und Neuem beruhigt entgegentreten, da die wichtigen Dinge seines Lebens wie gewohnt ablaufen.

Allerdings sollten Sie trotzdem jede Gelegenheit wahrnehmen, Übungen auch außerhalb der Turnstunde vorzuschlagen. Während eines Spaziergangs werden bestimmte Platten auf dem Gehweg übersprungen. Um der Mutter bei einer Tätigkeit am Tisch zusehen zu können, wird ein Hocker herbeigetragen. Beim Aufräumen wird aus herumliegenden Bilderbüchern ein Turm gebaut, über den das Kind hinübersteigt oder -springt.

12. Die Turnstunde ist kein Kindergeburtstag
Das Turnen soll Spaß machen. Jedoch steht die Freude an der Bewegung, an der eigenen Leistung im Vordergrund, nicht der Spaß um der Unterhaltung willen. Genauso sind Rollenspiele (»jetzt sind wir Autos, die auf den Streifen des Teppichs fahren!«) Mittel zum Zweck beim Sammeln von Bewegungs- und Sinneserfahrungen und keinesfalls Selbstzweck.

Übungseinheiten (Turnstunden)

Bei den folgenden Turnstunden wurde jeweils ein Gerät bzw. eine Umgebung als Thema gewählt. Jede Stunde ist in drei Teile gegliedert: der erste Teil dient der Einstimmung, d.h. dem physiologischen und psychologischen Aufwärmen. Der Hauptteil enthält die eigentlich bildenden Übungen. Der Ausklang umfaßt Übungen, Spiele oder Lieder, die die Übungseinheit abschließen.

Hinweis: Im Prinzip fördert jede Übung, die das Kind in seinen Fähigkeiten und Fertigkeiten herausfordert, seine Entwicklung. Wir verstehen unter »bildenden« Übungen diejenigen, die mit einem bestimmten, entwicklungsfördernden Ziel eingesetzt werden. Dieses Ziel kann auch verschiedene Fähigkeiten und Fertigkeiten zugleich beinhalten: so z.B. fördert eine Wurfübung gleichzeitig u.a. die Schnellkraft der Arm- und Rumpfmuskulatur, die Koordination, das Gleichgewicht und die räumliche Wahrnehmung.

Üben mit dem Luftballon

Vorbereitung: pro Teilnehmer einen Luftballon plus einige Reserveballons bereitlegen. Pusten Sie die Ballons vorher probeweise auf.

Einstimmung

Schwänzchenfangen

1 - 2 Jahre	leere Luftballons in den hinteren Hosenbund stecken, so daß sie wie Schwänzchen
2 - 3 Jahre	heraussehen. Jeder versucht, den Luftballon eines anderen zu erwischen, ohne dabei
3 - 4 Jahre	seinen eigenen einzubüßen. Dabei soll viel gelaufen werden!

Hauptteil

Luftballons aufpusten

Lassen Sie die Kinder so lange wie möglich versuchen, die Ballons selbst aufzupusten. Ballons zubinden.

Riesengang und Zwergengang

1 - 2 Jahre	Auf den Zehenspitzen gehen und den Ballon so hoch wie möglich halten. Dann den
2 - 3 Jahre	Ballon ganz dicht am Boden halten und in der Hocke weitergehen. Wieder auf Ze-
3 - 4 Jahre	henspitzen usw.

Werfen

1 - 2 Jahre	• Hochwerfen • Weitwerfen und hinterherlaufen
2 - 3 Jahre	• Hochwerfen und fangen
3 - 4 Jahre	• Weitwerfen, auch über den Kopf, und fangen, möglichst vor dem Herunterfallen

Phantasie

Wer kann den Ballon noch auf andere Arten werfen? Mögliche Lösungen:

1 - 2 Jahre	• am Knoten anfassen und schleudern • mit dem Fuß kicken
2 - 3 Jahre	• mit einer Hand werfen • mit dem Kopf kicken
3 - 4 Jahre	• mit dem Knie • mit der Hand pritschen oder schmettern wie beim Volleyball

Balancekünstler

1 - 2 Jahre	• Ballon zwischen den Stirnen (Nase, Brust, Bauch) einklemmen und gehen; erst vorwärts/rückwärts, dann seitwärts, evtl. sogar hüpfen
2 - 3 Jahre	• Ballon auf der Stirn balancieren, auch im Gehen
3 - 4 Jahre	• Ballon hochschlagen und durch wiederholtes Schlagen möglichst lange in der Luft halten

Werfen und Klatschen

1 - 2 Jahre	• Ballon hochwerfen und in die Hände klatschen, bis er auf den Boden fällt
2 - 3 Jahre	• Ballon hochwerfen, in die Hände klatschen und wieder auffangen. Wieviele Klatscher schaffen wir?
3 - 4 Jahre	• Ballon hochwerfen, zum Erwachsenen laufen, auf seine Hand klatschen, zurücklaufen und den Ballon wieder fangen, bevor er den Boden berührt

Pusten

1 - 2 Jahre 2 - 3 Jahre	• den auf dem Boden liegenden Ballon wegpusten
3 - 4 Jahre	• den Ballon durch Pusten von unten in der Luft halten

Faules Ei

2 - 3 Jahre	• den Ballon auf den ausgestreckten flachen Handflächen tragen

Sitzball

1 - 2 Jahre	• vorsichtig auf den Ballon setzen und ihn mit dem Gesäß hin- und herrollen

Ausklang

Luftballonmatratze

| 1 - 2 Jahre | • Bäuchlings auf den Ballon legen und auf ihm hin- und herrollen; dann Arme und Beine seitlich am Ballon locker herunterhängen lassen. »Jetzt schlafen wir!« |

»Du bist ein Luftballon!«

| 2 - 3 Jahre
3 - 4 Jahre | • ein nicht aufgeblasener Luftballon wird hochgehalten. Die Kinder werden aufgefordert, sich auf den Boden zu legen, so schlaff und leer wie der Luftballon. Wenn der Ballon langsam aufgepustet wird, wird er größer und größer (die Kinder drücken dieses Geschehen auf ihre Weise aus, z.B. durch Aufsetzen, Ausbreiten der Arme o.ä.). Dann wird wieder etwas Luft herausgelassen - die Bewegung wird rückgängig. Wieder wird aufgepustet, dann entweicht ein wenig Luft, und weiter wird aufgepustet, so lange, bis der Ballon losgelassen wird und zischend durch den Raum saust. |

Tip: Führen Sie diese Bewegungen zusammen mit den Kindern aus. Es fällt ihnen dann leichter, sich »wie ein Luftballon« zu fühlen und sich so zu bewegen.

Üben mit dem Bohnensäckchen

Vorbereitung: Pro Kind ein Bohnensäckchen bereitlegen, mindestens jedoch sechs. Das Bohnensäckchen ist ein ausgedienter Waschhandschuh oder Stoffbeutel in ähnlicher Größe, der mit 300 - 400 g trockener Hülsenfrüchte gefüllt und zugenäht wird.

Einstimmung

Die Henne sucht ihr Ei

Bohnensäckchen im Raum verteilt auf den Boden legen und im ganzen Raum bewegen, bis das begleitende Klatschen (Musik, Singen) aufhört.

1 - 2 Jahre	• umherlaufen, dann setzt sich jeder schnell auf sein Säckchen. Turnt nur ein Kind, werden Säckchen verschiedener Farben im Raum verteilt und es wird die Farbe des Säckchens genannt, auf das sich das Kind setzen soll • umherkrabbeln; dann auf den Zehenspitzen auf das Säckchen stellen
2 - 3 Jahre	• auf einem Bein hüpfen; dann rücklings oder bäuchlings auf das Säckchen legen
3 - 4 Jahre	• rückwärts laufen; dann mit beiden Händen und beiden Füßen auf das Säckchen stellen • im Krabbengang laufen und auf das Säckchen kauern

Die Krabbe trägt das Säckchen

2 - 3 Jahre	
3 - 4 Jahre	• im Krabbengang laufen und das Säckchen auf dem Bauch transportieren

Phantasie: Wie kann das Säckchen noch transportiert werden?

1 - 2 Jahre	• auf der Schulter, auf dem Kopf, zwischen die Beine geklemmt
2 - 3 Jahre	• auf dem angewinkelten Ellenbogen, auf dem Nacken
3 - 4 Jahre	• auf dem Oberschenkel, auf einem Bein hüpfend

Hauptteil

Der Lastenaufzug

1 - 2 Jahre	• mit gestreckten Armen und auf den Zehenspitzen das Bohnensäckchen ganz hoch halten: »aufs Dach bringen«, dann das Säckchen zwischen den Beinen möglichst weit nach hinten auf den Boden legen: »in den Keller bringen«.
2 - 3 Jahre	• das Säckchen vom Kopf rutschen und in die schüsselförmig geöffneten Hände fallen lassen
3 - 4 Jahre	• mit dem Säckchen auf dem Kopf hinsetzen und wieder aufstehen, ohne daß es herunterfällt

Der Kran

Das Säckchen auf den Boden legen und im Sitzen

1 - 2 Jahre	• mit den bloßen Füßen kneten, greifen und hochheben
2 - 3 Jahre	• mit den Zehen greifen, auf den Rücken des anderen Fußes legen und so hochheben. Mit der Hand auf die Rücken der geschlossenen Füße legen und beide Beine gestreckt hochheben • zwischen beiden Füßen fassen und mit gestreckten Beinen hochheben
3 - 4 Jahre	• in oben beschriebener Stellung das Säckchen mit den Beinen hochwerfen. Vielleicht sogar hinter den Kopf?

Hochwerfen und fangen

Das Säckchen hochwerfen und fangen

1 - 2 Jahre	• mit den Händen
2 - 3 Jahre	• mit den Füßen im Sitzen und im Stehen
3 - 4 Jahre	• mit anderen Körperteilen: Fußrücken, Ellenbogen, Oberschenkel...

Sprung über den Stein

Säckchen auf den Boden legen und darüber hinweghüpfen. Erst über ein Säckchen, dann über mehrere:

1 - 2 Jahre	• beidbeinig vorwärts • mit einem Schrittsprung
2 - 3 Jahre	• beidbeinig vorwärts und rückwärts, seitwärts
3 - 4 Jahre	• mit gegrätschten Beinen (ein Fuß auf jeder Seite des Säckchens) • auf einem Bein • mit einem Schrittsprung und gleichmäßigem Laufrhythmus zwischen den Sprüngen

Hinweis: Beim Aufsprung in den Knien abfedern und die Füße abrollen!

Hochwurf

Das Säckchen mit den Händen

1 - 2 Jahre	• so hoch wie möglich werfen • so weit wie möglich werfen
2 - 3 Jahre	• hochwerfen und wieder auffangen • auf ein Kissen, in einen Eimer oder einen Karton werfen • an einem Zipfel anfassen und wegschleudern
3 - 4 Jahre	• hochwerfen und zwischen Werfen und Fangen in die Hände klatschen oder hüpfen • über den Kopf nach hinten werfen • auf ein Ziel schleudern

Tip: Beim Schleudern verschiedene Arten ausprobieren: aus dem Handgelenk, aus dem Schultergelenk, über dem Kopf kreisend.

Zuwerfen

1 - 2 Jahre 2 - 3 Jahre	• das Kind formt seine Hände zur Schüssel, in die hinein Sie das Säckchen werfen. Zurückwerfen.
3 - 4 Jahre	• zwischen den gegrätschten Beinen hindurch das Säckchen nach hinten werfen, vielleicht sogar so auffangen?

Steintransport

Im Stand das Säckchen auf den Fußrücken legen und

1 - 2 Jahre	• den Fuß heben, ohne das Säckchen zu verlieren
2 - 3 Jahre	• gehen, ohne das Säckchen zu verlieren
3 - 4 Jahre	• hüpfen

Der Greifer

Das Säckchen mit den Zehen greifen und

1 - 2 Jahre	• so hoch wie möglich heben
2 - 3 Jahre	• möglichst weit tragen
3 - 4 Jahre	• hochwerfen: nach vorn, nach hinten, zur Seite, etc.

Ausklang

Mustermix

Aus allen vorhandenen Säckchen ein Muster legen:

1 - 2 Jahre	• Kreis
2 - 3 Jahre	• Schnecke, Schlange, Spinne
3 - 4 Jahre	• die Anfangsbuchstaben der Namen der Kinder

Turm bauen

1 - 2 Jahre 2 - 3 Jahre 3 - 4 Jahre	• aus allen vorhandenen Säckchen einen hohen Turm bauen. Wie viele Säckchen können übereinander getürmt werden, bis der Turm umfällt? (Zählen!)

Üben mit verschiedenen Bällen

Vorbereitung: Bälle verschiedener Größen, Farben, Gewichte und Materialien wie Tennisball, Tischtennisball, Golfball, Plastik-Ei, Schaumgummiball in Tennisballgröße und Fußballgröße, Sockenball, Wasserball, Jonglierball usw. sowie einen kleinen, einen mittleren und einen großen Karton bereitstellen.

Einen Sockenball können Sie leicht selbst herstellen: Stecken Sie in einen ausgedienten Socken einen anderen hinein, schlagen Sie den Schaft um, geben Sie dem Ganzen eine runde Form und nähen Sie die Öffnung zu. Bälle verschiedener Farbe und aus unterschiedlichen Materialien wie Frottee, Seide, Wolle sind besonders interessant.

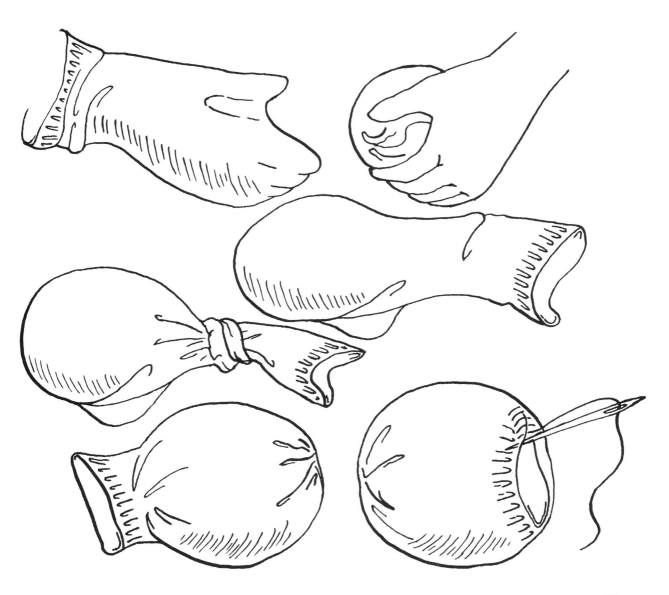

Einstimmung

Tip: Bälle sind ein Spielmaterial mit sehr hohem Aufforderungscharakter, so daß selten eine Anleitung notwendig ist, damit Kinder sich mit einem angebotenen Ball beschäftigen. Gewähren Sie deshalb Ihrem Kind einige Zeit zu Beginn der Stunde, um aus eigenem Antrieb mit den Bällen zu spielen. Beginnen Sie erst dann die Stunde, wenn dieser Antrieb erlahmt.

Ostereiersuchen

Alle Bälle werden im Raum verteilt. Zu lebhafter Musik (Cassette) laufen alle zwischen den Bällen herum, später werden die Bälle auch übersprungen. Bei Abbruch der Musik

1 - 2 Jahre	• laufen alle zu dem größten, kleinsten, roten, blauen, weißen ... Ball und halten
2 - 3 Jahre	ihn hoch
3 - 4 Jahre	

Hauptteil

Sortieren

1 - 2 Jahre	• die Bälle werden eingesammelt und auf drei Kartons verteilt: in die größte
2 - 3 Jahre	Kiste die großen Bälle, in die mittlere die mittleren und in die kleine Kiste die
3 - 4 Jahre	kleinen Bälle

Tip: korrigieren Sie Ihr Kind nicht sofort, wenn es einen Ball in den falschen Karton legt. Bringen Sie es durch Fragen dazu, selbst festzustellen, ob der Ball, den es in der Hand hält, größer, gleich oder kleiner ist als die, die schon im Karton liegen.

Vom Größten zum Kleinsten

Alle Bälle der Größe nach in eine Reihe legen, dann

1 - 2 Jahre	• über die Bälle hinwegsteigen, angefangen bei den ganz kleinen bis hin zu den ganz großen
2 - 3 Jahre	• im Zickzack um die Bälle herumlaufen
3 - 4 Jahre	• im Schrittsprung, dann mit geschlossenen Füßen über die Bälle springen

Werfen und Fangen

1 - 2 Jahre	• hochwerfen, von unten, mit beiden Händen und mit einer Hand
2 - 3 Jahre	• abwerfen über den Kopf: wer kann den Erwachsenen mit dem weichen Ball treffen? Was würde passieren, wenn wir einen harten Ball nehmen würden? • Bälle in Kartons werfen • die aufgetürmten Kartons mit einem Ball umwerfen
3 - 4 Jahre	• einen weglaufenden Anderen abwerfen • Bälle gegen Kartons werfen, so daß sie wegrutschen

Phantasie

Kann ein Ball nur mit den Händen geworfen werden? Mögliche Lösungen:

1 - 2 Jahre 2 - 3 Jahre 3 - 4 Jahre	• Kicken, Rollen, im Krabbengang auf dem Bauch transportieren, mit der Nase vor sich her rollen, sich daraufsetzen oder -legen, zwischen die Knie klemmen, in Rückenlage zwischen den Füßen eingeklemmt hochheben...

Rollen und Fangen

1 - 2 Jahre	• den Ball gegenseitig zurollen und abfangen, auch mit anderen Körperteilen als den Händen
2 - 3 Jahre	• zwischen den gegrätschen Beinen hindurch nach hinten rollen und in derselben Haltung abfangen
3 - 4 Jahre	• im Sitzen, mit gegrätschten, gestreckten Beinen den Ball von einer Hand zur anderen rollen. Wer schafft das mit den Füßen?

Ausklang

Bälle einräumen

1 - 2 Jahre 2 - 3 Jahre 3 - 4 Jahre	• In einer Kiste in der Raummitte liegen möglichst viele Bälle. Ein Erwachsener steht neben der Kiste und wirft (oder rollt) die Bälle aus der Kiste; dabei werden sie so weit wie möglich im Raum verteilt. Die Kinder versuchen nun, die Bälle so schnell wieder in die Kiste zu befördern, daß der Erwachsene mit dem Ausräumen nicht nachkommt.

Üben mit Papprollen

Vorbereitung: Legen Sie mindestens sechs leere Toilettenpapier- oder Küchenpapierrollen bereit, bei mehreren Kindern mindestens drei Rollen pro Kind.

Einstimmung

Slalom

Mehrere Rollen, mindestens eine für jedes Kind, werden im Raum verteilt aufgestellt und

1 - 2 Jahre	• alle laufen um die Rollen herum, ohne sie umzuwerfen. • zu zweit an den Händen gefaßt einer rechts, einer links an den Rollen vorbeilaufen
2 - 3 Jahre	• wer kann am schnellsten über drei Rollen springen? Laut zählen!
3 - 4 Jahre	• mehrere Rollen hintereinander im Lauf umkreisen

Hauptteil

Hindernislauf

Aus je drei Rollen ein Hindernis (Tor) bauen und darüberspringen, ohne es umzuwerfen

1 - 2 Jahre	• im Schrittsprung
2 - 3 Jahre	• mit geschlossenen Füßen
3 - 4 Jahre	• mit einem hohen Galoppsprung • mit einem Sprung mit Drehung

Hindernisse abbauen

Vor die Hindernisse setzen und

1 - 2 Jahre	• mit den Füßen die »Latte« abnehmen
2 - 3 Jahre	• mit den Füßen die »Latte« abnehmen und sie ganz hoch halten
3 - 4 Jahre	• auf den Rücken rollen und die Rolle bis auf den Boden bringen • wieder auflegen

Rollen und Fangen

Sie setzen sich Ihrem Kind gegenüber, beide mit gegrätschten Beinen, und rollen sich die Papprolle zu

1 - 2 Jahre	• mit beiden Händen
2 - 3 Jahre	• mit einer Hand, mit der anderen
3 - 4 Jahre	• mit den Füßen, mit nur einem Fuß

Achterbahn

1 - 2 Jahre	• mit geschlossenen Beinen die Rolle auf die Fußgelenke legen. Wir heben die Beine gestreckt an und die Rolle rollt bis auf den Bauch. Was müssen wir tun, damit sie wieder zurückrollt? Geht das auch auf den Armen?
2 - 3 Jahre	• in Bauchlage die Rolle auf die Schulterblätter des Kindes legen. Was müssen wir tun, damit die Rolle den Rücken hinunterrollt?
3 - 4 Jahre	• in Bauchlage die Rolle auf die Fußgelenke legen. Was müssen wir tun, damit die Rolle bis auf den Popo rollt?

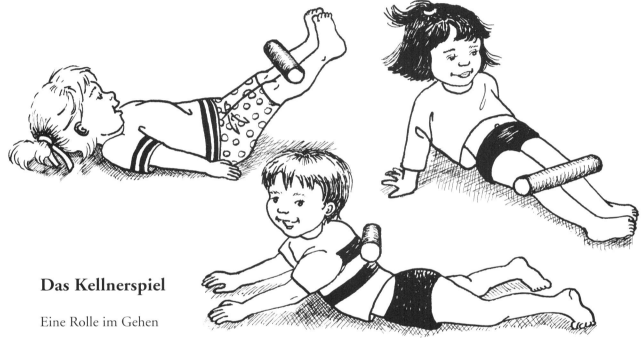

Das Kellnerspiel

Eine Rolle im Gehen

1 - 2 Jahre	• aufrecht auf der flachen Handfläche balancieren
2 - 3 Jahre	• auf jeder Handfläche balancieren
3 - 4 Jahre	• auf dem Kopf balancieren

Ausklang

Turmbau

1 - 2 Jahre	• drei Rollen aufeinanderstellen
2 - 3 Jahre	
3 - 4 Jahre	• wieviele Rollen können wir aufeinanderstellen, bis der Turm umfällt? Laut zählen!

Üben mit Bierdeckeln

Vorbereitung: Legen Sie vier runde Bierfilze pro Kind bereit, mindestens jedoch zwanzig.

Einstimmung

Frei spielen

Rollen, gleiten, kreiseln, balancieren... Wenn die eigenen Ideen erschöpft sind, wird begonnen.

Autofahren

1 - 2 Jahre	• Der Bierdeckel ist das Lenkrad, und wir fahren in wechselnden Geschwindigkeiten bergauf und bergab, in verschiedenen Gängen, in verschiedenen Richtungen durch den Raum. Das Motorengeräusch nicht vergessen!
2 - 3 Jahre	
3 - 4 Jahre	

Hauptteil

Die Paßstraße

Aus Bierdeckeln (Abstand ca. 10-15 cm voneinander) eine kurvige Straße legen.

1 - 2 Jahre	• die Straße entlanggehen, ohne neben die Bierdeckel zu treten • einen Bierdeckel auf der ausgestreckten flachen Hand balancieren
2 - 3 Jahre	• im Slalom zwischen den Bierdeckeln laufen • über die Bierdeckel hüpfen • einen Bierdeckel auf dem Kopf balancieren
3 - 4 Jahre	• auf jeden zweiten Bierdeckel treten • je einen Bierdeckel auf jeder Handfläche balancieren, vielleicht sogar auf den Handrücken

Phantasie

Wie können wir den Bierdeckel die Straße entlang transportieren, ohne die Hände zu benutzen?

1 - 2 Jahre	• zwischen Ober- und Unterarm oder -schenkel eingeklemmt
2 - 3 Jahre	• im Vierfüßlergang
3 - 4 Jahre	• im Krabbengang

Das Reserverad

Ein Bierdeckel ist das Reserverad unseres Autos und wir rollen es

1 - 2 Jahre	• uns zu, mit gegrätschten Beinen einander gegenübersitzend
2 - 3 Jahre	• durch den Raum. Rollt es mit Anstoßen auch allein?
3 - 4 Jahre	• und fangen es, bevor es umkippt

Geben und Nehmen

Gegenüber

1 - 2 Jahre	• sitzen und einen Bierdeckel zwischen den Füßen hinüberreichen
2 - 3 Jahre	• sitzen und einen Bierdeckel zwischen den Zehen fassen und hinüberreichen
3 - 4 Jahre	• auf einem Bein stehend einen Bierdeckel mit einem Fuß hinüberreichen

Der kleine Kreisel

1 - 2 Jahre	• Lassen Sie den Bierdeckel auf der Kante kreiseln. Das Kind fängt ihn auf, wenn er
2 - 3 Jahre	umkippt.
3 - 4 Jahre	• dann läßt das Kind ihn kreiseln

Deckelwerfen

Einen Bierdeckel

1 - 2 Jahre	• hochwerfen • wie ein Frisbee werfen
2 - 3 Jahre	• werfen und fangen • im Flug drehen oder kreiseln lassen
3 - 4 Jahre	• mit dem Handrücken hochwerfen • mit anderen Körperteilen: Fuß, Knie, Rücken hochwerfen

Schlittschuhfahren

Auf glattem Boden einen Fuß auf einen Bierdeckel stellen und

1 - 2 Jahre	• mit dem anderen Fuß abstoßend »Roller fahren«
2 - 3 Jahre	• mit dem anderen Fuß abstoßend um den Bierdeckel drehen. Fuß wechseln
3 - 4 Jahre	• (den anderen Fuß auch auf einem Bierdeckel) Schlittschuh fahren, oder von jemandem ziehen oder schieben lassen • im Vierfüßlerstand, Hände und Füße auf Bierdeckel gestellt, ziehen oder schieben lassen.

Ausklang

Packesel

Ein Erwachsener steht in Bankstellung

1 - 2 Jahre	• Die Kinder versuchen, so viele Bierdeckel wie möglich auf die verschiedenen Kör-
2 - 3 Jahre	perteile zu legen. Körperteile benennen! Wenn ein Kind allein turnt, wird ein
3 - 4 Jahre	großer Teddy mit Bierdeckeln belegt

Üben mit dem Besenstiel

Vorbereitung: Es werden zwei Besenstiele pro Kind benötigt, bei glattem Boden ein dickes Handtuch, bei Teppichboden eine feste Plastikfolie und zwei etwa gleich dicke Kissen.

Einstimmung

Das Reiterspiel

Der Stab wird als Steckenpferd zwischen die Beine genommen und Pferd und Reiter reiten

1 - 2 Jahre	• durch das Land im Schritt, Trab und Galopp
2 - 3 Jahre	• das Pferd scheut und rennt ganz schnell
3 - 4 Jahre	• springen über Hindernisse

Kutsche fahren

Sie fassen zwei Stäbe an ihren Enden und Ihr Kind an den anderen, so daß Sie hinter Ihrem Kind stehen und beide in dieselbe Richtung blicken: Das Kind ist das Pferd, und Sie sind Kutscher.

1 - 2 Jahre	Der Kutscher lenkt das Pferd um Kurven, steuert mit Hü!, Brr! und Zügel-
2 - 3 Jahre	anziehen die Geschwindigkeit: Schritt, Trab und Galopp. Vielleicht geht das
3 - 4 Jahre	Pferd durch und rennt! Rollen tauschen.

Hauptteil

Der Pferdeschlitten

Die Fußmatte bzw. Plastikfolie ist ein Pferdeschlitten und der Kutscher setzt sich darauf.

1 - 2 Jahre	Ein oder zwei Erwachsene ziehen den Schlitten. Rollen tauschen
2 - 3 Jahre	
3 - 4 Jahre	

Kletterstange

Halten Sie den Stab senkrecht vor sich, ein Ende auf dem Boden aufgestützt. Das Kind

1 - 2 Jahre	• klammert sich an den Stab und Sie drehen ihn
2 - 3 Jahre	• klettert hoch
3 - 4 Jahre	• versucht, den zu Boden fallenden Stab aufzufangen

Karussell

Halten Sie ein Ende des Stabes mit beiden Händen, das Kind das andere

1 - 2 Jahre 2 - 3 Jahre 3 - 4 Jahre	• das Kind läuft im Kreis um Sie herum wie auf einem Kettenkarussell. Rollen tauschen

Niedriges Reck

Ein Erwachsener hält den Stab mit beiden Händen in Hüfthöhe vor sich, Beine gegrätscht. Das Kind

1 - 2 Jahre	• hängt sich mit beiden Händen an den Stab, zieht die Beine an und schaukelt bzw. wird geschaukelt: vorwärts, seitwärts, im Kreis
2 - 3 Jahre	• setzt sich auf den Stab und wird geschaukelt • hängt sich mit den Händen an den Stab und bringt die Füße an den Stab
3 - 4 Jahre	• klettert auf den Stab, stellt sich darauf und wird vorsichtig geschaukelt • hängt sich mit den Kniekehlen an den Stab

Hinweis: Halten Sie bei dieser Übung Ihre Wirbelsäule gerade und beugen Sie den Oberkörper nicht nach vorn, um Ihre Wirbelsäule nicht zu überlasten.

Hohes Reck

Zwei Erwachsene halten je ein Ende des Stabes in knapper Reichhöhe des Kindes bzw. ein Ende des Stabes wird auf ein Möbelstück aufgelegt. Das Kind

1 - 2 Jahre	• hängt sich an den Stab, der langsam angehoben wird, so daß die Füße des Kindes den Boden verlassen. • hängt mit einer oder beiden Händen am Stab und wird leicht geschaukelt • stützt sich auf den etwas abgesenkten Stab und wird so angehoben
2 - 3 Jahre	• hängt mit einer oder beiden Händen am Stab und schaukelt mit leichter Unterstützung der Erwachsenen • geht an der Wand hoch • bringt, mit beiden Händen am Stab hängend, die Füße an den Stab
3 - 4 Jahre	• macht einen Purzelbaum um den Stab herum • hängt kopfüber im Kniehang und im »Schweinebaumeln« • hängt im Nesthang

Hinweis: Achten Sie darauf, daß der Stab in ausreichender Höhe gehalten wird, so daß der Kopf des Kindes weit genug vom Boden entfernt ist. Eine Hilfestellung sollte sich auf Sicherung des Griffes am Stab und auf Abfangen der Hüfte beim Abschwung beschränken. Verzichten Sie darauf, die Drehung zu beschleunigen - Sie bringen Ihr Kind um eine wichtige Bewegungserfahrung.
Wenn die Kraft nicht ausreicht, nach dem »Schweinebaumeln« den Stab wieder mit den Händen zu ergreifen, stützt das Kind die Hände auf den Boden und geht, wenn Sie den Stab etwas absenken, in den Vierfüßlerstand ab.

Seiltanz

Der Stab liegt auf dem Boden und alle balancieren am besten barfuß

1 - 2 Jahre	• seitwärts, vorwärts
2 - 3 Jahre	• rückwärts
3 - 4 Jahre	• mit einem kleinen Sprung • die Enden des Stabes werden so auf Kissen gelegt, daß er wenige Zentimeter über dem Boden liegt

Hochsprung

Der Stab wird auf Unterschenkelhöhe des Kindes, bei kleineren auf Knöchelhöhe gehalten und das Kind überspringt ihn

1 - 2 Jahre	• im Schrittsprung
2 - 3 Jahre	• mit geschlossenen Füßen
3 - 4 Jahre	• mit einem Fuß und landet auf demselben Fuß

und kriecht im Anschluß unter dem Stab hindurch

Hin und Her

Erwachsener und Kind sitzen mit gegrätschten Beinen gegenüber und rollen sich einen Stab zu

1 - 2 Jahre	• mit den Händen
2 - 3 Jahre	• mit den Füßen
3 - 4 Jahre	• mit der Nase

Tauziehen

1 - 2 Jahre 2 - 3 Jahre 3 - 4 Jahre	• Erwachsener und Kind fassen den Stab jeweils an einem Ende und ziehen

Sprung über die Rolle

Der Stab wird langsam auf das Kind zugerollt und das Kind überspringt den rollenden Stab

1 - 2 Jahre	• zusammen mit dem Erwachsenen
2 - 3 Jahre	• allein mit einem Schrittsprung • mit einem Schlußsprung
3 - 4 Jahre	• mehrmals hintereinander

Ausklang

Die Kutschfahrt

Alle stellen sich hintereinander auf und fassen mit der rechten Hand einen Stab, mit der linken einen zweiten. »Ri-ra-rutsch, wir fahren mit der Kutsch...«

Üben mit dem Seil

Vorbereitung: Pro Kind wird ein Seil (ca. 1,50 bis 2,00 m lang) benötigt, mindestens aber zwei.

Einstimmung

Schlangenfang

1 - 2 Jahre	Ein Erwachsener zieht im Laufen das Seil hinter sich her, so daß es sich schlängelt.
2 - 3 Jahre	Das Kind versucht auf das Seil zu treten. Rollen tauschen!
3 - 4 Jahre	

Der Jäger kommt!

Jedes Seil wird zu einem Kreis gelegt und in jeden Kreis setzt sich ein Kind.

1 - 2 Jahre	*Jeder Hase hat einen Bau. Die Hasen haben Hunger und laufen im Raum herum auf der Suche nach dem saftigsten Kohl. Da kommt der Jäger* (Erwachsener) *und alle Hasen laufen schnell in ihren Bau zurück!*
2 - 3 Jahre	• beim nächsten Mal hoppeln wir wie Hasen
3 - 4 Jahre	• dann krabbeln wir wie Mäuse auf Händen und Füßen
	• dann sind wir Giraffen, laufen auf Zehenspitzen und strecken dabei die Arme ganz hoch, damit wir an die hohen Äste der Bäume herankommen!

Hauptteil

Kreishüpfen

Das Seil zu einem Kreis legen und

1 - 2 Jahre	• mit Schritt- und Schlußsprung in den Kreis hinein- und wieder herausspringen
2 - 3 Jahre	• rückwärts und seitwärts hinein- und herausspringen
3 - 4 Jahre	• über den Kreis springen

Balancieren

Auf dem zum Kreis und danach auf dem gerade gelegten Seil balancieren

1 - 2 Jahre	• seitwärts, vorwärts
2 - 3 Jahre	• rückwärts
3 - 4 Jahre	• mit einem kleinen Sprung • aus dem Seil eine Schnecke legen und darauf balancieren

Zickzack

Im Zick-Zack über das Seil hüpfen:

1 - 2 Jahre	• mit Schrittsprüngen • mit geschlossenen Füßen
2 - 3 Jahre	• im Vierfüßlerstand • mit Pferdchensprung
3 - 4 Jahre	• auf einem Bein • aus mehreren Seilen einen Stern legen und im Kreis laufend über die Spitzen des Sterns springen

Der Bagger

Vor das Seil setzen und es

1 - 2 Jahre	• mit den Zehen greifen und hochheben
2 - 3 Jahre	• mit beiden Füßen gleichzeitig greifen und hochheben
3 - 4 Jahre	• mit den Füßen zu einem großen Haufen auftürmen und es dann wieder gerade auslegen

Hochsprung

Ein Ende des Seiles wird in Unterschenkelhöhe des Kindes an ein Stuhl- oder Tischbein angebunden, das andere Ende in der Hand gehalten. Die Kinder springen darüber

1 - 2 Jahre	• im Schrittsprung • mit geschlossenen Füßen
2 - 3 Jahre	• mit Anlauf • im Pferdchensprung
3 - 4 Jahre	• im Vierfüßlerstand • mit Drehung während des Sprunges

Wellen am Strand

Zwei oder drei Seile zusammenknoten. Das eine Ende dieses langen Seiles möglichst hoch an einem Stuhl- oder Tischbein festbinden. Das andere Ende in der Hand halten und langsam hin- und herschwingen

1 - 2 Jahre	• mit dem Seil mitgehen, vor und zurück. *Wir laufen der Welle (Seil) hinterher. Doch wenn sie zurückkommt, laufen wir schnell weg, damit wir nicht naß werden!*
2 - 3 Jahre 3 - 4 Jahre	• das sich horizontal und danach vertikal bewegende Seil überspringen

Seil durchlaufen

Turnen mehrere Erwachsene mit, kann auch das im Kreis geschwungene Seil durchlaufen werden: ein Erwachsener schwingt das mit dem anderen Ende festgebundene Seil. Die anderen Erwachsenen

1 - 2 Jahre	laufen mit den Kindern an der Hand im richtigen Moment los, um nicht vom
2 - 3 Jahre	schwingenden Seil getroffen zu werden.
3 - 4 Jahre	

Hinweis: Dieses Durchlaufen bereitet das eigentliche Seilspringen vor, das oftmals schon im Alter von 5 bis 6 Jahren beherrscht wird. Im Anfang sollte das Kind zusammen mit einem Erwachsenen durch das schwingende Seil laufen, bis es die zeitlich-räumliche Beziehung, die Schwungrhythmus, Startzeitpunkt und Laufgeschwindigkeit verbindet, in der Praxis verinnerlicht hat. Ab ca. 4 Jahren ist das Kind oftmals schon in der Lage, selbst festzulegen, wann und wie schnell es laufen muß, um nicht vom Seil getroffen zu werden.

Ausklang

Die Eisenbahn

1 - 2 Jahre	Alle fassen das Seil mit der rechten Hand, einer hinter dem anderen. Jetzt fährt
2 - 3 Jahre	die Eisenbahn los: «*Tschu-tschu-tschu, die Eisenbahn, wer will mit nach Hause*
3 - 4 Jahre	*fahrn, alleine fahren woll'n wir nicht, da nehmen wir uns're Freunde mit.*»

Üben mit dem Kissen

Vorbereitung: Benötigt wird ein weiches, nicht zu großes Kissen pro Kind, mindestens aber drei Kissen.

Einstimmung

Auto-Scooter

Alle sind Autos, und das Kissen ist die Stoßstange: Es wird vor dem Bauch gehalten und

1 - 2 Jahre	• alle laufen durch den Raum. Beim Zusammentreffen mit anderen wird mit den
2 - 3 Jahre	Kissen aneinandergeprallt. Danach wird das Kissen am Gesäß festgehalten, dann
3 - 4 Jahre	seitlich an der Hüfte, dann vor der Brust, usw. Wo noch?

Hauptteil

Die Geschichte von Esel, Korn und Mehl

1 - 2 Jahre	• *Wir alle sind Esel und tragen einen Sack voll Korn zur Mühle. Dort laden wir ihn ab.*
2 - 3 Jahre	*Auf dem Rückweg freuen wir uns, daß wir keine Last mehr tragen müssen und*
3 - 4 Jahre	*buckeln, schlagen auch manchmal aus und schreien I-a. Dann holen wir den nächsten Sack und bringen ihn zu dem ersten, so lange, bis alle Säcke bei der Mühle sind.*

- *Das Korn ist gemahlen, und wir bringen die Säcke voll Mehl nach Hause zurück.*
- *Können wir die Säcke auch auf dem Bauch tragen, wenn wir uns umdrehen und im Krabbengang gehen?*
- *Der Esel ist müde und ruht sich auf dem Mehlsack aus.* Kissen unter den Bauch legen
- *Kann der Esel sich so zusammenrollen und den Mehlsack so zusammendrücken, daß er nicht mehr zu sehen ist?*
- *Aus unserem Mehl ist ein Kuchenteig geworden, der kräftig geknetet wird.* Kniend oder im Schneidersitz vor dem Kissen. *Dieser Teig darf auch mit den Füßen geknetet werden!* Am besten geht das barfuß im Sitzen.
- *Der Teig muß auch kräftig geschlagen werden.* Das Kissen auf den Boden schlagen oder mit den Händen draufschlagen. *Wenn es ein Pizzateig ist, muß er auch noch in die Luft geworfen werden.* Mit den Händen und auch mit den Füßen hochwerfen und auffangen.
- *Schließlich wollen wir den Teig noch ausrollen. Unser Körper ist das Nudelholz und wir rollen hin und her über das Kissen. Wer hilft und rollt das Nudelholz?*
- *Können wir das Kissen auch plattwalzen, wenn wir zu einer Kugel zusammengerollt sind?*

Die Inderin

Das Kissen auf dem Kopf balancieren und

1 - 2 Jahre	• vorwärts und rückwärts gehen
2 - 3 Jahre	• sich hinsetzen und wieder aufstehen
3 - 4 Jahre	• Wer kann sogar einen Kissenturm aus zwei oder gar drei Kissen auf dem Kopf balancieren?

Der Purzelbaum

Mehrere Kissen werden hintereinander auf einem weichen Teppich gelegt. Das Kind hockt, beide Hände vor dem Kissen aufgestützt.

| 1 - 2 Jahre
2 - 3 Jahre
3 - 4 Jahre | • Der Hinterkopf wird in der Mitte des Kissens aufgelegt, Kinn auf der Brust und Rücken ganz rund. Mit den Beinen abstoßen. Wenn notwendig, helfen Sie mit einer Hand im Nacken, um das Aufsetzen auf dem Hinterkopf und das Runden des Rückens zu unterstützen. |

Der Kopfstand

Statt des Hinterkopfes wird die Stirn aufs Kissen gesetzt und beide Hände schräg davor, so daß diese drei Punkte ein Dreieck bilden. Geben Sie Hilfestellung von einer Seite: eine Hand in der Mitte des Rückens stützend, die andere die Hüfte von der Bauchseite her. Das Kind

2 - 3 Jahre	• schwingt die Beine hoch und strampelt in der Luft. Bremsen Sie den Schwung
3 - 4 Jahre	nur bei drohendem Überschlagen.

Der Frosch auf dem Stein

Die Kissen sind Steine im Teich und wir sind die Frösche, die auf den Steinen sitzen. Welcher Frosch

1 - 2 Jahre	• springt mit einem hohen Sprung ins Wasser? • springt wieder zurück auf seinen Stein?
2 - 3 Jahre	• springt über seinen Stein? • springt von einem Stein auf den anderen, ohne ins Wasser zu fallen?
3 - 4 Jahre	• macht auf seinem Stein einen Sprung mit Drehung? • streckt im Sprung seine Arme ganz hoch aus, um eine Fliege zu fangen?

Hinweis: diese Sprünge sollen aus der Hocke in die Hocke ausgeführt werden.

Kissen werfen und kicken

1 - 2 Jahre	• hoch, weit
2 - 3 Jahre	• zukicken, zuwerfen und fangen • auf ein Ziel
3 - 4 Jahre	• an einem Zipfel fassen und schleudern

Ausklang

Ein Lied mit Bewegungsbegleitung wie z.B. »Brüderchen, komm, tanz mit mir« oder »Wer will fleißige Handwerker seh'n«

Üben mit der Zeitung

Vorbereitung: Legen Sie für jedes Kind drei Zeitungsblätter (Doppelseiten) sowie einige Ersatzblätter bereit.

Einstimmung

Hüte jagen

Einen Hut aus einem Zeitungsblatt falten und aufsetzen. Alle laufen durch den Raum und

1 - 2 Jahre	• versuchen, sich gegenseitig die Hüte vom Kopf zu nehmen und sich selbst
2 - 3 Jahre	aufzusetzen. Wer kann die meisten Hüte übereinander auf seinen Kopf setzen?
3 - 4 Jahre	

Hauptteil

Roller fahren

Ein Blatt wird gefaltet, bis es ungefähr doppelt so groß ist wie ein Fuß.

1 - 2 Jahre	• mit jedem Fuß auf ein Blatt stellen und in der Hocke von einem Erwachsenen gezogen werden. Rollen tauschen • dasselbe mit gestreckten Beinen
2 - 3 Jahre	• einen Fuß daraufstellen und mit dem anderen abstoßend rutschen
3 - 4 Jahre	• mit jedem Fuß auf ein Blatt stellen und »Rollschuhfahren«

Pferdchenspringen

Mehrere zweimal gefaltete Blätter dachförmig aufstellen und wie die Pferde einen Parcours überspringen:

1 - 2 Jahre	• im Schrittsprung
2 - 3 Jahre	• im Schlußsprung
3 - 4 Jahre	• mit demselben Fuß abspringen und landen

Die Insel

Ein Zeitungsblatt wird auf den Boden gelegt.

3 - 4 Jahre	• daraufsetzen. Paßt der ganze Körper drauf? Welche Körperteile bleiben außerhalb des Blattes? • wieviele Blätter sind notwendig, um den ganzen Körper auf Zeitung ausstrecken zu können? • wieviele sind notwendig, damit ein Erwachsener daraufpaßt? • wenn wir uns ganz klein machen, paßt dann ein Kind auf ein Blatt? • wie müssen wir uns auf eine zur Hälfte gefaltete Zeitung legen, setzen oder stellen, damit kein Körperteil den Boden berührt? • wie oft können wir es falten, bis nicht einmal ein Fuß mehr draufpaßt?

Siebenmeilenstiefel

Mehrere gefaltete Zeitungsblätter werden auf dem Boden verteilt

1 - 2 Jahre 2 - 3 Jahre	• über die Zeitungsblätter steigen, ohne daraufzutreten
3 - 4 Jahre	• von einem Zeitungsblatt auf das nächste treten, ohne dazwischen auf den Boden zu treten

Ein Blatt im Wind

Sich vor ein aufgefaltetes Blatt auf den Boden legen:

1 - 2 Jahre 2 - 3 Jahre 3 - 4 Jahre	• fliegt die Zeitung weg, wenn gepustet wird?

Zelt

1 - 2 Jahre	• ein aufgefaltetes Blatt dachförmig aufstellen und darunterkriechen
2 - 3 Jahre	
3 - 4 Jahre	

Brücke

Auf ein einmal gefaltetes Blatt stellen. In den Grätschstand springen (Füße rechts und links von der Zeitung) und

2 - 3 Jahre	• wieder zurück in den Schlußstand (Füße auf der Zeitung)
3 - 4 Jahre	• mit einer Drehung wieder in den Grätschstand

Ballspielen

Ein Zeitungsblatt im Sitzen mit den Füßen zerknüllen und zu einem Ball formen. Den Ball

1 - 2 Jahre	• rollen, werfen, kicken • auf ein am Boden liegendes Zeitungsblatt werfen
2 - 3 Jahre	• zuwerfen und fangen • das Blatt wieder glattstreichen, ohne daß es reißt
3 - 4 Jahre	• mit dem Fuß (der Nase) um die umherliegenden Zeitungsblätter herumrollen • das Blatt mit den Füßen wieder glattstreichen

Der Zeitungsstab

Ein glattes Blatt Zeitung an einer Ecke beginnend zu einer dünnen Rolle aufrollen. Wir können

1 - 2 Jahre	• auf den Boden klopfen • drübersteigen • winken
2 - 3 Jahre	• fechten • trompeten
3 - 4 Jahre	• mit einem zusammengeknüllten Zeitungsblatt Hockey spielen

Ausklang

Mit der Zeitungsröhre ein Lied trompeten, z. B. »A-B-C, die Katze lief im Schnee ...« Wer möchte, kann auch im Takt wandern.

Üben mit dem Handtuch

Vorbereitung: Benötigt werden pro Kind zwei alte Frottierhandtücher, mindestens aber vier. Außerdem ein Teddy, pro Kind eine Wäscheklammer und glatter Boden.

Einstimmung

Verwandlungen

1 - 2 Jahre	• Hubschrauber: in einer Hand gehalten, wird das Handtuch über dem Kopf im Kreis geschwungen zum Rotor • Fahnenträger: mit beiden Händen das Handtuch über dem Kopf spannen und schnell laufen, so flattert es
2 - 3 Jahre	• Beduine: Quer über den Kopf gelegt, wird das Handtuch zum Beduinen-Kopftuch und wir reiten auf einem Kamel schwankend durch die Wüste. • Die Blinden: Legen Sie sich ein Handtuch so über den Kopf, daß die Augen verdeckt sind. Das Kind führt Sie als »Blinde« durch den Raum. Rollen tauschen
3 - 4 Jahre	• Käfer: zwei Handtücher mit je einer Ecke im Nacken am Hemd mit Klammern befestigen. Eine andere Ecke von jedem Handtuch in die Hand nehmend werden wir zu fliegenden Käfern. Welcher Käfer kann am schnellsten fliegen und dabei am lautesten brummen? Dann ruhen sich die Käfer aus, machen sich ganz klein auf dem Boden und decken sich mit den Flügeln zu.

Gibt es noch andere Verkleidungsmöglichkeiten?

Hauptteil

Schleppkahn

Das Kind hält ein Handtuch an einem Ende fest, ein Erwachsener das andere und zieht das Kind

1 - 2 Jahre	• auf einem Handtuch sitzend über den Boden. Rollen tauschen!
2 - 3 Jahre	• auf dem Bauch liegend mit angehobenen Armen und Beinen
3 - 4 Jahre	• auf dem Rücken liegend, Füße aufgestellt. Mit den Füßen schiebend das Ziehen unterstützen. • auf dem Handtuch sitzend, Beine angehoben

Kreisel

Ein Erwachsener sitzt mit angehobenen Armen und Beinen auf dem Handtuch. Das Kind

1 - 2 Jahre	• bringt ihn aus dem Gleichgewicht, bis er umfällt. Rollen tauschen
2 - 3 Jahre	• schiebt die Beine so an, daß er sich auf seinem Gesäß wie ein Kreisel dreht. Rollen tauschen
3 - 4 Jahre	• dasselbe auch in Bauchlage

Einwickeln

Im Stehen faßt das Kind eine Ecke der kurzen Seite des Handtuchs, ein Erwachsener eine Ecke der anderen kurzen Seite.

1 - 2 Jahre	• Das Kind dreht sich, so daß es sich in das Handtuch einwickelt. Dann wird es wieder ausgewickelt, wieder eingewickelt usw. Rollen tauschen
2 - 3 Jahre	
3 - 4 Jahre	

Rollerfahren

Handtücher auf doppelte Fußgröße zusammenfalten, daraufstellen und rutschen:

1 - 2 Jahre	• mit beiden Füßen auf einem Handtuch stehend von einem Erwachsenen gezogen werden
2 - 3 Jahre	• mit einem Fuß auf das Handtuch stellen, mit dem anderen Fuß abstoßen wie beim Rollerfahren
3 - 4 Jahre	• beide Füße auf zusammengefaltete Handtücher stellen und Schlittschuhfahren

Regenwurm

In Bankstellung Knie und Füße auf das Handtuch stützen, Hände auf den Boden.

1 - 2 Jahre	• mit den Händen ziehend oder abstoßend vorwärts rutschen
2 - 3 Jahre	• Hände und Knie auf die schmalen Seiten des Handtuches aufstützen und vorwärts rutschen wie ein Regenwurm
3 - 4 Jahre	• dasselbe im Krabbenstand

Die ordentlichen Füße

2 - 3 Jahre	• das Handtuch möglichst klein zusammenfalten und mit den Füßen wieder auffalten. Wer kann es mit den Füßen wieder zusammenfalten?
3 - 4 Jahre	

Ausklang

Krankentransport

1 - 2 Jahre
2 - 3 Jahre
3 - 4 Jahre

- Zwei Sanitäter tragen einen Teddy auf der Krankentrage. Er muß schnell ins Krankenhaus gebracht werden, aber ohne daß er von der Trage fällt!

Trampolinspringer

1 - 2 Jahre
2 - 3 Jahre
3 - 4 Jahre

- der Teddy ist wieder gesund und kann Trampolin springen auf dem Handtuch. Mit dem Handtuch hochwerfen und auffangen. Schließlich ist er müde, wird zum Schlafen auf ein Handtuch gelegt und mit dem anderen zugedeckt.

Üben mit dem Bettlaken

Vorbereitung: Für bis zu sechs Personen ist ein Bettlaken ausreichend, es sollten mindestens zwei Erwachsene mitturnen. Einige geräuschproduzierende Bälle, mit Bohnen gefüllte Dosen o.ä.

Einstimmung

Der Wolf und die Schafe

Das Bettlaken ist (evtl. zur Hälfte gefaltet) auf dem Boden ausgebreitet.

1 - 2 Jahre 2 - 3 Jahre 3 - 4 Jahre	• alle Schäfchen laufen frei im Raum herum und blöken. Auf den Ruf »Der Wolf kommt!« laufen alle schnell in ihren Pferch. Ist der Wolf wieder fort, laufen sie weiter. • die Vögel fliegen im Garten herum, flattern und zwitschern. Wenn die Katze kommt, setzen sie sich schnell in ihr Nest. • die Frösche springen vom Rand aus in den Teich (aus der Hocke auf dem Rand des Lakens in die Hocke in der Mitte des Lakens) und wieder heraus.

Hauptteil

Die Wellen

Alle verteilen sich um das Laken herum, fassen es an den Rändern und bewegen es auf und ab , so daß eine Wellenbewegung im Laken entsteht. Es kommt Wind auf und das Wasser im Teich schlägt Wellen.

1 - 2 Jahre 2 - 3 Jahre 3 - 4 Jahre	• Wer traut sich, jetzt durch den Teich zu laufen?

Der Wind wird immer stärker.
Das Laken unter Wellenbewegungen langsam anheben, so daß sich darunter ein Luftkissen bewegt.

2 - 3 Jahre 3 - 4 Jahre	• Die Kinder kriechen unter das Laken. Wenn alle Kinder unter dem Laken kauern, das Laken absenken, so daß es für einen Moment wie ein Zelt über den Kindern steht und dann langsam auf sie herabsinkt. • Die Kinder kauern sich dicht an den Boden und stellen sich vor, sie wären verschwunden. Dann das Laken wieder anheben und mit den Wellenbewegungen fortfahren, die Kinder hüpfen herum. Wieder absenken, die Kinder kauern, usw.

Hinweis: Beim Anheben auf Lampen achten!

Tip: In einer zweiten Phase können die Kinder bei den Wellenbewegungen mithelfen und erst, wenn das Laken kurz vor dem Absenken hochgeschwungen wird, darunterlaufen.

Rollende Dosen

1 - 2 Jahre	• ein oder mehrere geräuschproduzierende Dinge oder Bälle auf das gespannte Laken legen und durch Anheben bzw. Absenken über das Laken rollen lassen
2 - 3 Jahre	
3 - 4 Jahre	

Hängematte

Über einer weichen Matratze ein Kind im gespannten Laken

1 - 2 Jahre	• rollen • wiegen
2 - 3 Jahre	• schaukeln
3 - 4 Jahre	• hochwerfen und auffangen, nur in Rückenlage!

Sprung über den Bach

Das Laken der Länge nach auf die Hälfte der Breite so oft zusammenfalten, bis es nur noch einen schmalen Streifen bildet.

1 - 2 Jahre	• darüberspringen • darauf balancieren
2 - 3 Jahre	• im Zickzack darüberspringen • einmal auffalten und darüberspringen
3 - 4 Jahre	• mit geschlossenen Füßen auf das Laken springen, in den Grätschstand über dem Laken springen, wieder in den Schlußstand, usw. • weiter auffalten und darüberspringen

Seiltanzen

Das eng zusammengefaltete Laken noch zusätzlich verwringen.

1 - 2 Jahre	• quer darüberlegen und darauf entlangrollen • rittlings daraufsetzen und mit den Händen vorwärtsstützen
2 - 3 Jahre	• balancieren • längs darauflegen und seitlich hinunterrollen
3 - 4 Jahre	• Tauziehen

Einwickeln

Das auf die halbe Breite zusammengefaltete Laken auf dem Boden ausbreiten.

1 - 2 Jahre	• Ein Erwachsener legt sich auf eine Schmalseite und wird von allen zusammen eingewickelt und wieder ausgewickelt, dann ein Kind.
2 - 3 Jahre	
3 - 4 Jahre	• dasselbe im Stehen, sich drehend

Ausklang

Ratespiel

1 - 2 Jahre	• Zwei der Erwachsenen verstecken sich unter dem Laken, die Kinder müssen durch Tasten (durch das Laken hindurch) herausfinden, wo bzw. wer wer ist.
2 - 3 Jahre	
3 - 4 Jahre	

Üben mit Stuhl und Tisch

Vorbereitung: möglichst viele verschiedene Stühle, Hocker und Tische mit genügend Zwischenraum zum Laufen im Raum verteilen. Prüfen Sie Kippsicherheit und Standfestigkeit! Außerdem wird ein weicher Teppich und eine weiche Decke oder dünne Schaumstoffmatratze benötigt.

Einstimmung

Feuer, Wasser, Sturm und Blitz

Alle laufen um die Möbelstücke herum. Auf den Ruf

1 - 2 Jahre 2 - 3 Jahre 3 - 4 Jahre	• Feuer: laufen alle mit lautem Tatü-Tata in die Ecken des Raumes • Wasser: klettern alle auf Möbelstücke hinauf, um sich vor dem Hochwasser in Sicherheit zu bringen • Sturm: verkriechen sich alle unter Möbelstücken. • Blitz: bleibt jeder in der Stellung wie versteinert stehen, in der er sich gerade befindet. Danach weiterlaufen bis zum nächsten Kommando.

Hauptteil

Tunnel

Aus mehreren Stühlen einen Tunnel bauen und

1 - 2 Jahre 2 - 3 Jahre 3 - 4 Jahre	• längs und quer durchkriechen • längs und quer überklettern • je einen Stuhl im Wechsel durchkriechen und überklettern • darübergehen

Klettern und Springen

Einen Stuhl vor die auf dem Teppich ausgelegte Decke oder Matratze stellen. Die Kinder klettern hinauf und

1 - 2 Jahre	• springen herab
2 - 3 Jahre	• springen weit • springen hoch
3 - 4 Jahre	• strecken die Arme im Sprung hoch • springen mit einer Drehung

Hinweis: Helfen Sie den Kindern möglichst wenig beim Hinaufklettern, sichern Sie nur. Achten Sie auf weiches Abfedern des Aufpralls in den Fuß- und Kniegelenken. Machen Sie es am besten vor! Lassen Sie die Kinder beim Bereitstellen der Möbelstücke helfen. Lassen Sie die Kinder entscheiden, ob es sinnvoll ist, den Stuhl mit der Lehne zur Matratze hin zu stellen oder mit einer freien Seite!

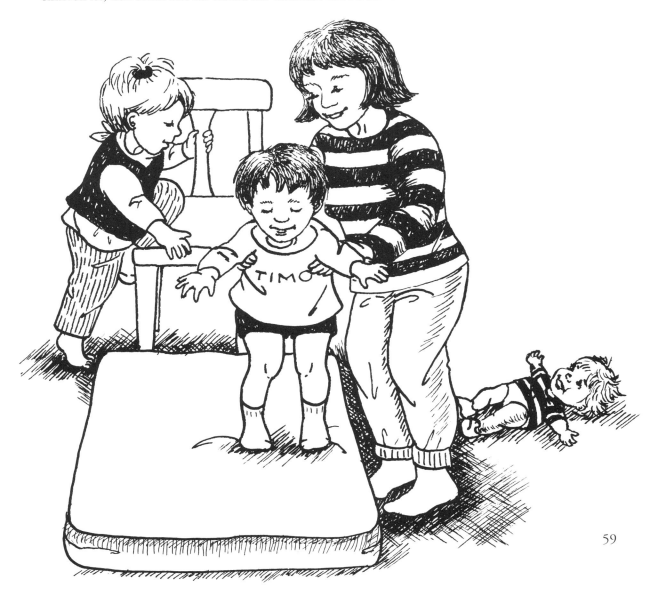

Treppe

1 - 2 Jahre	• einen höheren Stuhl oder Tisch zwischen einen niedrigen Stuhl und die Matratze stellen und von diesem hinunterspringen • die niedrige Stufe entfernen, so daß das Hinaufklettern etwas schwieriger wird.
2 - 3 Jahre	• weitere, höhere und niedrigere, Möbelstücke hinzustellen, so daß eine auf- und absteigende Treppe entsteht • die Reihenfolge der Möbelstücke ändern
3 - 4 Jahre	• einen Tisch durch Aufstützen erklettern • vor dem Sprung unter manchen Möbelstücken durchkriechen und über andere hinwegklettern

Das Flugzeug

Einen gepolsterten Hocker vor die Matratze stellen. Das Kind legt sich bäuchlings auf den Hocker und

1 - 2 Jahre	• stützt die Hände auf den Boden und geht mit den Händen erst zur einen, dann zur anderen Seite.
2 - 3 Jahre	• hält Arme und Beine waagrecht. Falls nötig, halten Sie die Beine des Kindes fest. Das Flugzeug legt sich in die Kurve, steigt und setzt zur Landung an: der Oberkörper beugt sich zur Seite, nach oben und nach unten. • das Flugzeug fährt sein Fahrwerk aus (Hände auf den Boden stützen) und rollt nach rechts und nach links die Rollbahn entlang bis zu seinem Platz. Der gestreckte Körper wird auf dem Hocker im Kreis bewegt, die Hände laufen um den Hocker herum.
3 - 4 Jahre	• dann einen Purzelbaum auf die Matratze machen. Hilfen: siehe Seite 44 - Übungen mit dem Kissen

Ausklang

Eisenbahn

Aus Stühlen eine Eisenbahn bauen, daraufsetzen und singen: »Auf de schwäbsche Eisebahne...«

Üben mit dem Langbrett

Vorbereitung: Wir benötigen ein Brett von 2 - 2,50 m Länge und etwa 15 cm Breite. Es sollte so dick sein, daß es das Kind trägt, aber dabei noch etwas federt (ca. 2 cm); möglichst gehobelt. Dazu drei niedrige Hocker oder dicke Kissen, einen höheren Stuhl oder Tisch, einige kleine Bälle (möglichst von verschiedenem Gewicht) und einige kleine Spielzeugautos, ein Stück Plastikfolie, z.B. aufgeschnittene Tüte.

Einstimmung

Aufbauen und Ausprobieren

Wir holen gemeinsam das Brett: die Kinder fassen am Brett an und helfen so mit. Wir legen es auf den Boden. Was können wir damit machen?

1 - 2 Jahre	• drüberspringen • mit geschlossenen Füßen auf das Brett und wieder hinunterspringen • balancieren: vorwärts, seitwärts • gemeinsam hoch über den Kopf heben
2 - 3 Jahre	• einen Ball darauf entlangrollen • kann man den Ball auch quer darüber hinwegrollen? • balancieren: rückwärts, schnell laufend • ein auf dem Brett liegendes Spielzeugauto balancierend übersteigen, dann mehrere
3 - 4 Jahre	• balancieren: galoppierend, hüpfend, mit Sprüngen und Drehungen • im Zickzack über das Brett hüpfen, mit oder ohne Zwischenhüpfer auf das Brett • dasselbe mit aufgestützten Händen • aus dem Schlußstand auf dem Brett in den Grätschstand, ein Fuß auf jeder Seite des Brettes hüpfen und wieder zurück

Hauptteil

Drüber, drunter, rauf und runter

Das Brett auf drei Hocker auflegen. Die mit dem am Boden liegenden Brett ausgeführten Übungen hier wiederholen. Außerdem

1 - 2 Jahre	• seitlich auf das Brett aufsteigen und wieder heruntersteigen - am besten geht es,
2 - 3 Jahre	wenn wir dabei beide Hände auf das Brett aufsetzen.
3 - 4 Jahre	• darunter durchkriechen
	• aufsteigen und hinunterspringen

Wippen

Den mittleren Hocker wegnehmen. Ein Kind setzt sich in die Mitte des Brettes:

1 - 2 Jahre	• im Sitzen vorsichtig wie auf einem Trampolin wippen
2 - 3 Jahre	• im Stehen wippen
	• balancieren.
3 - 4 Jahre	• Wie fühlt sich das Balancieren jetzt an? Was ist anders?

Die Schräge

Das eine Ende des Brettes auf den Boden, das andere auf den höheren Stuhl oder Tisch auflegen. Am unteren Ende sollte ein großes Kissen auf dem Teppich, dicker Teppich o.ä. das Brett gegen Wegrutschen sichern, am anderen Ende sollte der Stuhl z.B. vor einer Wand stehen, damit er nicht wegrutschen oder umstürzen kann.

1 - 2 Jahre	• hinaufbalancieren • drunter durchkriechen, am höheren Ende durchkrabbeln oder in der Hocke durchgehen • auf einer Folie das Brett hinunterrutschen - vielleicht müssen wir dabei noch mit den Händen anschieben! • Spielzeugautos hinunterfahren lassen
2 - 3 Jahre	• hinunterbalancieren • aufwärts rutschen: Wie geht es besser, vorwärts oder rückwärts? • wie ein Affe von unten an das Brett hängen
3 - 4 Jahre	• Wenn wir das Brett am höheren Ende noch etwas höher heben, rollen die Autos noch schneller? Kann dann auch der Teddy das Brett hinunterrutschen? • verschiedene Bälle hinunterrollen lassen - welcher rollt am schnellsten? • von unten dranhängend hinunterhangeln. Hierzu legt ein Erwachsener das obere Ende des Brettes auf seine Schulter

Ausklang

Autos parken

Wir setzen ein Spielzeugauto auf das Brett.

1 - 2 Jahre 2 - 3 Jahre 3 - 4 Jahre	• Dann heben wir das Brett so weit an, daß das Auto in die Spielzeugkiste hinein rollt. Dann kommt das nächste Auto an die Reihe, dann die Bälle, zuletzt der Teddy, bis alle verwendeten Spielsachen in der Kiste sind.

Üben mit der Matratze

Vorbereitung: eine möglichst gut federnde Matratze, zwei hohe Hocker und zwei oder drei niedrigere, einen dicken Teppich, schwere Kissen oder eine schwere Decke bereitstellen.

Hinweis: Kinder brauchen meist wenig Anleitung oder Anregung, um sich mit Hüpfen, Hinfallenlassen etc. zu vergnügen. Greifen Sie erst dann anregend ein, wenn das Interesse erlahmt. Aufgrund dieser Situation wird selten eine zusätzliche Aufwärmphase für die Turnstunde notwendig sein. Trotzdem beschreiben wir der Vollständigkeit halber ein Spiel mit dieser Zielsetzung.

Einstimmung

Die Flöhe

Alle zusammen legen die Matratze auf den Boden.

1 - 2 Jahre 2 - 3 Jahre 3 - 4 Jahre	• Wir sind Flöhe, die auf der Matratze herumhüpfen, und ab und zu hüpfen wir auch von der Matratze herunter. Dann müssen wir aufpassen, daß uns der Flohhüter nicht erwischt!

Rollen und Wälzen

Wir können

1 - 2 Jahre	• uns aus dem Stand auf die Knie und in den Sitz fallen lassen • uns von einem Erwachsenen wie einen Baumstamm über die Matratze rollen lassen. Rollen tauschen
2 - 3 Jahre	• allein über die ganze Länge rollen • Bauchschaukel und Rückenschaukel machen (siehe S. 89)
3 - 4 Jahre	• auf den Bauch und auf den Rücken fallen lassen • einen Purzelbaum machen? (Hilfen siehe S. 44 - Üben mit dem Kissen)

Hauptteil

Sprungkünste auf der Matratze

1 - 2 Jahre	• besonders weite und hohe Sprünge machen • vorwärts und seitwärts springen
2 - 3 Jahre	• im Kreis springen • rückwärts springen • besonders lustige Sprünge machen
3 - 4 Jahre	• mit Drehung (»Schraube«) springen (auch mehrere Sprünge mit kleinem Drehumfang hintereinander) • mit besonders großen Schritten laufen

Kuhle im Sand

1 - 2 Jahre 2 - 3 Jahre 3 - 4 Jahre	• Wir ruhen uns ein wenig aus, legen uns auf den Rücken und drücken mit dem Popo ein tiefes Loch in die Matratze. Dann mit dem Kopf, dann mit den Füßen und schließlich mit den Händen.

Die Unterführung

Mit einer biegsamen Matratze kann auch eine Unterführung (Tunnel) gebaut werden, indem sie an beiden Schmalseiten mit schweren Möbelstücken, z.B. Sesseln, abgestützt und diese so eng zusammengerückt werden, daß die Matratze sich nach oben wölbt. Was können wir mit dieser Unterführung alles machen?

1 - 2 Jahre 2 - 3 Jahre 3 - 4 Jahre	• durchkriechen • einen Ball durchrollen • oben draufsetzen und hin und her schaukeln • einen Ball hinunterrollen lassen.

Abhang

Eine Schmalseite der Matratze wird auf zwei gleichhohe Hocker aufgelegt, die andere liegt auf dem Boden auf und ist durch einen dicken Teppich o.ä. gegen Wegrutschen gesichert. Auch die Längsseiten der Matratze müssen so gesichert sein, daß das Kind beim Hinunterrollen nicht seitlich abstürzen kann. Unter die Mitte der Matratze wird zur Stütze noch ein niedriger Hocker geschoben, ein anderer Hocker, eine Treppe aus Hocker und Stuhl oder ein Langbrett, auf dem das Kind hinaufbalancieren kann, dienen als Hilfe beim Aufsteigen.
Was können wir an diesem Abhang machen?

1 - 2 Jahre	• einen Ball hinunterrollen lassen. Welcher Ball rollt am schnellsten? • den Teddy hinunterrollen lassen. Macht er auch einen Purzelbaum? • ausgestreckt quer hinunterwälzen
2 - 3 Jahre	• ganz langsam hinuntergehen • hinunterlaufen **Tip:** halten Sie beim ersten Mal die Hand des Kindes, damit es nicht zu große Geschwindigkeit entwickelt.
3 - 4 Jahre	• hinauflaufen • mit einem Purzelbaum hinunterrollen (Hilfe am Hinterkopf des Kindes!)

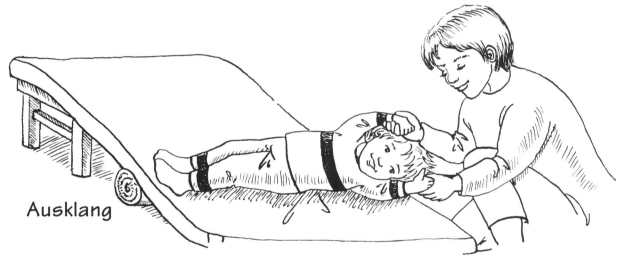

Ausklang

Pizzabäckerei

1 - 2 Jahre 2 - 3 Jahre 3 - 4 Jahre	*Ich* (der Erwachsene) *backe eine Pizza und Du* (das Kind) *bist der Teig. Erst muß der Teig gut geknetet werden.* Das Kind liegt auf der Matratze und wird »geknetet«. *Dann wird der Teig hin und her gerollt.* Das Kind liegt gestreckt und wird gerollt. *So wird er schön dünn. Dann bestreiche ich ihn mit Tomatensoße* streichende Bewegungen über den Körper *und schließlich lege ich Schinken und Käse darauf* Handflächen an verschiedenen Stellen des Körpers auflegen! *Schließlich wird die Pizza in den Ofen geschoben.* Das Kind an den Füßen kopfwärts schieben. Dann tauschen.

Üben im Wasser

Hinweis: Diese Übungsstunden sollen nicht das Erlernen von Schwimmtechniken zum Ziel haben, sondern die Wassergewöhnung und das spielerische Erforschen. Diese Erfahrungen werden später das Schwimmenlernen wesentlich erleichtern.

Bei ängstlichen Kindern eignet sich zum Abbau von Hemmungen vertrautes Spielzeug wie Ball, Puppe, sauberes Sandspielzeug, wasserfeste Tiere, unzerbrechliches Puppengeschirr im sehr flachen Wasser. Bevor Sie in das oftmals beängstigend große, laute Schwimmbecken gehen, probieren Sie die Übungen zuerst in der Badewanne. Gehen Sie hierzu in der Badewanne, besonders aber im Schwimmbad, mit dem Kind ins Wasser.

Aufgrund der geringen Bewegungsintensität besteht auch bei relativ warmem Wasser die Gefahr der Unterkühlung, deshalb öfter Pausen zum Abtrocknen, Umziehen und Aufwärmen einlegen. Um Hautinfektionen vorzubeugen, sollten Sie im Hallenbad vom Ausziehen der Fußbekleidung an bis zum Betreten des Schwimmbeckens, auch während des Duschens, Plastik-Badeschuhe tragen.

Spiele zur Wassergewöhnung

im sehr flachen Wasser (Planschbecken)

1 - 2 Jahre	• freies Spielen
2 - 3 Jahre	• Muschel am Strand: in Bauch- und Rückenlage auf dem Beckenboden liegen und die Wellen über den Körper laufen lassen
3 - 4 Jahre	• spritzen
	• im Wasser krabbeln
	• robben
	• wälzen (Pizzateig ausrollen!)

Auf der Treppe des Nichtschwimmerbeckens sitzen und anderen Kindern zusehen. So kann das Kind an die folgenden Übungen herangeführt werden. Dabei sollte das Wasser für das Kind knöchel- bis brusttief sein.

Schiffe bewegen

1 - 2 Jahre	• Sandförmchen auf dem Wasser schwimmen lassen, wegpusten und wieder holen, • mit sauberen Steinchen beladen, versinken lassen und aus zunehmenden Wassertiefen wieder heraufholen
2 - 3 Jahre	• einen Luftballon oder Wasserball übers Wasser pusten, unter Wasser ziehen und hochspringen lassen. • eine Frisbeescheibe oder einen Plastikteller (Puppenteller) auf dem Wasser schwimmen lassen, so lange mit Steinchen beladen, bis er sinkt und dann alle Steinchen wieder vom Beckenboden (Stufe) holen
3 - 4 Jahre	• sich auf den Ball setzen, ohne daß er aus dem Wasser hochspringt • Ein kleines Boot (Puppentopf) an einer Schnur durchs Wasser ziehen. Wie viele Steinchen können wir in das Boot laden, bis wir es kaum noch durchs Wasser ziehen können bzw. bis es sinkt?

Wasser schaufeln/spritzen

1 - 2 Jahre 2 - 3 Jahre 3 - 4 Jahre	• mit Sandförmchen schaufeln wir Wasser auf die über der Wasserlinie liegende Stufe der Treppe, später dann auf die nächsthöhere Stufe - wer kann das Wasser am höchsten hinaufwerfen, auch wenn es etwas spritzt? • wer traut sich, das Wasser senkrecht nach oben zu werfen, so daß es uns wie Regen auf den Kopf fällt?

Spiele zu Wasserwiderstand, Auftrieb, Wasserlage und Gleiten

1 - 2 Jahre
- Die Glocke: im ca. 1 m tiefen Wasser hält sich das Kind mit seinen Händen an den Zeigefingern des Erwachsenen fest, so daß es aufrecht im Wasser hängt, die Schultern auf Höhe der Wasseroberfläche, und wird hin und her geschaukelt
- Fahrradfahren: Position wie vorher. Mit den Beinen rudert das Kind, so daß es sich aus eigener Kraft vorwärtsbewegen kann.
- Der Schleppkahn: Das Kind liegt entspannt in Rückenlage auf dem Wasser, sein Kopf liegt in der Handfläche des Erwachsenen. Er zieht das Kind langsam gerade und in Kurven durchs Wasser.

2 - 3 Jahre
- Der Schläfer: Wer kann am längsten in Rückenlage ausgestreckt auf dem Wasser liegen? Am besten geht es, wenn man sich ganz entspannt und so tut, als würde man schlafen. Zu Beginn kann ein Erwachsener eine Hand unter die Taille legen.
- Die Qualle: aus dem Stand und später in Bauchlage Knie an die Brust ziehen und mit den Händen umfassen, das Gesicht taucht dabei unter. Zuerst im (für das Kind) knietiefen Wasser, so daß es gerade noch mit den Füßen den Boden berühren kann, danach im hüft- bis brusttiefen Wasser, so daß es im Wasser schwebt.
- Das Rennboot: ein Erwachsener schiebt das Kind (in Rückenlage) an den Füßen durch das Wasser. Es lernt dabei, den Körper gestreckt zu halten.

3 - 4 Jahre
- Die Wolke: sich in Rückenlage auf die Ellenbogen gestützt ins flache Wasser legen, so daß der Körper an der Wasseroberfläche schwebt. Was passiert, wenn wir jetzt tief einatmen? Und wenn wir wieder ausatmen?
- Die Rakete: Abstoßen von der Wand (Treppe): Wer kann am weitesten gleiten? Am besten geht das in Bauchlage mit über dem Kopf gestreckten Armen, Handflächen nach unten zeigend oder gegeneinander gelegt, Rumpf und Beine gestreckt.

Spiele zur Atemtechnik im Wasser

1 - 2 Jahre	• das Ventil eines Wasserballes (notfalls Luftballons) unter Wasser öffnen und die Luft ausströmen lassen
2 - 3 Jahre	• »Ein Loch ins Wasser blasen«: mit dem Gesicht knapp über der Wasseroberfläche so stark aufs Wasser pusten, daß eine kleine Vertiefung entsteht. Auch diese Übung kann vom Wasserball »vorgemacht« werden.
3 - 4 Jahre	• mit einem dicken Trinkhalm Luft ins Wasser blasen. Wer macht die größten Luftblasen? Wer kann den Trinkhalm am tiefsten ins Wasser stecken? • mit dem Mund an der Wasserlinie große Blasen machen und dabei blubbern. Wer kann den Mund so weit aufmachen, daß Wasser hineinläuft, und es wieder hinauslaufen lassen, ohne etwas zu verschlucken?

Vorübung zum Sprung vom Beckenrand

2 - 3 Jahre 3 - 4 Jahre	Das Kind sitzt oder hockt auf dem Beckenrand. Ein Erwachsener steht im brusttiefen Wasser mit offenen Armen, bereit, es aufzufangen. Zu dem abgewandelten Lied: »Brüderlein, komm schwimm mit mir, beide Hände reich' ich Dir ...« faßt er das Kind an den Händen; wiegt sich mit ihm vor und zurück bei »Einmal hin, einmal her« und bei »und hinein, das ist nicht schwer« stößt sich das Kind leicht mit den Füßen ab oder läßt sich in seine Arme fallen. Wie bei den Sprüngen aus größerer Höhe braucht Ihr Kind vielleicht einige Zeit, bis es sich dazu entscheidet, sich fallen zu lassen. Schenken Sie ihm diese Zeit. Singen Sie das Lied so oft mit ihm, bis es auf »hinein« auch wirklich springt. Notfalls springen Sie oder ein anderer Erwachsener mit ihm zusammen bei »hinein«. Der Ablauf des Liedes setzt ihm gewissermaßen ein Ultimatum.

Üben auf dem Waldspaziergang

Ein Spaziergang im Wald oder Park ist nicht nur eine ausdauerfördernde Übung. Viele Gelegenheiten gilt es zu nutzen zum Springen, Wettlaufen, Werfen, Fangen, Balancieren, Verstecken und Finden, Horchen, Riechen, Beobachten, Ausprobieren mit den am Ort vorhandenen »Geräten« wie Baumstämme und -stümpfe, Gräben, Stöcke, Tannenzapfen, Blätter, Steine, usw.

Üben auf dem Spielplatz

Auf dem Spielplatz sollen die Kinder frei sein, das zu tun, wozu sie gerade Lust verspüren. Sie sollten nur dann helfend unterstützt werden, wenn sie danach verlangen und gesichert werden, wenn Verletzungsgefahr besteht. Schränken Sie ihre Bewegungen so wenig wie möglich ein. Lassen Sie sie ihren Mut testen und ihre Entscheidungen selbst fällen, soweit sie sich nicht in ernste Gefahr begeben. Erlauben Sie auch ungewöhnliche Nutzung der Geräte und ausgefallene Alternativen, die Angebote zu nutzen. Spinnen Sie mit den Kindern die Gedanken weiter: Wie könnte man noch hier hinaufklettern? Wohin könnte man noch hinabspringen? Wie könnte man sich anders auf die Schaukel setzen?

Bei geeigneter Witterung bieten sich Rasen und Sandkasten für Fußgymnastik an. Vergewissern Sie sich, daß der Platz frei von verletzenden Fremdkörpern ist und lassen Sie Ihre Kinder so oft wie möglich auch im Gras und auf anderen Böden barfuß laufen.

1 - 2 Jahre 2 - 3 Jahre 3 - 4 Jahre	• Greifen Sie mit ihm Gras und Sand mit den Zehen. Wer hat zuerst eine Handvoll Sand gebaggert? • Wer kann mit den Füßen ein Förmchen halten und wie eine Baggerschaufel benutzen? • Wer kann ein Förmchen mit den Zehen greifen und ganz hoch halten? Zwischen Großzehe und zweiter Zehe, aber auch zwischen vorderen und mittleren Zehengliedern.

Förderung bestimmter Fähigkeiten und Fertigkeiten

Die Übungen in diesem Kapitel sind nach den Zielen geordnet, die sie vorrangig verfolgen, obwohl jede Aktivität den Menschen als Ganzes beansprucht. So dient z.B. eine Aufwärmübung wie »Feuer, Wasser, Sturm« (siehe S. 58) in erster Linie dem Aufwärmen, gleichzeitig werden jedoch auch die Ausdauer, die räumliche Orientierungsfähigkeit und die Reaktionsfähigkeit trainiert.

Aufwärmübungen

Diese Übungen haben einerseits das Ziel, die Teilnehmer körperlich durch »Aufwärmen« des Kreislaufs, der Muskulatur, der Sehnen und Bänder auf das Turnen vorzubereiten. Andererseits schaffen sie auch eine Atmosphäre des fröhlichen, ausgelassenen, aber doch geordneten Treibens. Hierzu eignen sich alle die Aktivitäten, die sich auf längerdauerndes langsames Laufen oder von kurzen Pausen unterbrochenes schnelleres Laufen konzentrieren.

Aufwärmen mit Musik

Zu lebhafter Musik (Cassette) frei durch den Raum laufen, dabei alle Teile des Raums ausnutzen. Wenn die Musik abbricht,

1 - 2 Jahre	• hinsetzen • auf einem Bein stehen • auf den Rücken legen
2 - 3 Jahre	• auf die Zehenspitzen stellen • auf einem Bein und einer Hand stehen • auf die Seite legen
3 - 4 Jahre	• auf Füßen und Händen stehen (bäuchlings oder rücklings!) • auf dem Kopf und den Füßen stehen, ohne die Hände aufzustützen • Wer findet die lustigste Position?

Beim Wiedereinsetzen der Musik weiterlaufen.

Farben oder Materialien suchen

Frei im Raum umherlaufen und auf ein Zeichen (z.B. wird ein Gegenstand einer bestimmten Farbe oder aus einem bestimmten Material hochgehoben) oder auf Zuruf einen Gegenstand aufsuchen

1 - 2 Jahre	• der die genannte Farbe hat
2 - 3 Jahre	• der aus dem genannten Material besteht: Holz, Plastik, Stoff, Stein, Leder, Metall,
3 - 4 Jahre	usw.

Beim Wiedereinsetzen der Musik weiterlaufen.

Besuch im Zoo

In den Laufpausen werden die verschiedensten Tiere, ihre Gangart, ihre Laute und ihre typischen Bewegungen nachgeahmt.

Heute gehen wir zusammen in den Zoo. Zuerst müssen wir schnell laufen, sonst erreichen wir den Bus nicht! Jetzt fahren wir mit dem Bus: langsam, schneller, über kurvige Strecken, bergauf, bergab, ...
Seht mal, da sind ja die Giraffen: Wir machen uns groß wie sie, gehen auf Zehenspitzen und strecken die Arme hoch. Dann laufen wir schnell weiter, um die nächsten Tiere kennenzulernen:

1 - 2 Jahre	• die Schildkröten kriechen ganz langsam im Vierfüßlergang • die Hasen hüpfen mit großen Sprüngen vorwärts • die Löwen brüllen laut • die Elefanten haben einen Rüssel und gehen ganz langsam mit großen Schritten
2 - 3 Jahre	• die Zebras galoppieren: Galopphüpfen • die Störche stelzen und heben bei jedem Schritt die Knie ganz hoch • die Affen hüpfen mit lustigen Bewegungen hin und her • die Tiger schleichen und machen kaum ein Geräusch dabei
3 - 4 Jahre	• die Krabben bewegen sich im Krabbengang (Bauch nach oben) • die Vögel flattern im Vogelhaus umher und zwitschern und piepsen • die Schlangen robben in Bauchlage über den Boden • die Känguruhs hüpfen vorwärts, rückwärts und seitwärts mit geschlossenen Füßen

Welche anderen Tiere können wir im Zoo noch sehen?

Mütze fangen

1 - 2 Jahre 2 - 3 Jahre 3 - 4 Jahre	Ein Erwachsener setzt eine Pudelmütze auf. Die anderen versuchen, ihm die Mütze vom Kopf zu ziehen und sich selbst aufzusetzen.

Das Hutspiel

3 - 4 Jahre	Ein Erwachsener hat einen Hut auf dem Kopf und die Kinder versuchen, immer so dicht wie möglich am Hut zu bleiben. Nimmt er den Hut ab und hält ihn weit von sich, drängen die Kinder sich dicht um die den Hut haltende Hand. Wird die Richtung der Fortbewegung geändert, folgen die Kinder. Kauert der Erwachsene sich über den am Boden liegenden Hut, kauern alle Kinder am Boden, so nah wie möglich an ihm.

Übungen zur Förderung der Koordination

Unter Koordination verstehen wir das Zusammenwirken von Nervensystem und Skelettmuskulatur im Ablauf einer zielgerichteten Bewegung, z.B. die Anspannung und Entspannung der verschiedenen Arm- und Rumpfmuskeln beim Anheben eines Gewichtes. Diese Fähigkeit ist von entscheidender Bedeutung nicht nur für die Präzision einer Bewegung, sondern auch für die Ermüdung. Eine gut koordinierte Bewegung ermüdet weniger als eine schlecht koordinierte, da die beteiligten Muskeln optimal eingesetzt und überflüssige Muskelkontraktionen vermieden werden.
Außerdem bedeutet »Koordination« das Zusammenspiel verschiedener Körperteile bei einer Bewegung. So werden beim Fangen eines Balles die zeitlichen und räumlichen Bewegungen der Arme von optischen Reizen gesteuert. Wie weit ist der Ball entfernt? Wie schnell nähert er sich? Wie groß ist er? Wie schwer ist er? Aufgrund dieser visuellen Informationen werden vorhandene Bewegungsmuster aus dem Gedächtnis ausgewählt und vorprogrammiert und die Arme in die entsprechende Ausgangsstellung gebracht. Damit kann der Ball in dem Moment, in dem er die Hände berührt, ergriffen werden, seine Flugbahn abgebremst und er kann festgehalten werden.
Koordination ist eine Fähigkeit, deren Ausprägung entscheidend davon abhängt, wie oft eine Bewegung wiederholt wird. Bei jeder Wiederholung wird der Weg, den die Nervenimpulse vom Eingang ins Nervensystem bis zum arbeitenden Muskel einzuschlagen haben, präziser definiert und so verbessert sich die Bewegungsgenauigkeit. Die Hand wird genau dort plaziert, wo der Ball nach der unbewußten Berechnung der Flugbahn in ihre Reichweite kommen wird. Die Bewegung ermüdet weniger, weil die Anspannung von Muskeln, die zum Erreichen des Zieles nicht unbedingt erforderlich sind, ausgeschaltet werden. Damit wird die Bewegung mit zunehmender Übung automatischer, fließender und energiesparender.

Daraus folgt, daß eigentlich jede Art der Bewegung die Koordination fördert. Andererseits sollte jede neue Bewegung eine kleine Herausforderung darstellen, also einen kleinen Schritt über das hinausgehen, was das Kind schon beherrscht. Die Beobachtung des Kindes ist besonders wichtig: Was kann es? In welche Richtung kann ihm eine Steigerung angeboten werden? Allerdings braucht es nach dem ersten geglückten Versuch noch viele Male des Wiederholens und des Übens, damit sich das neue Koordinationsmuster festigen kann.

Die Erfahrung zeigt, daß ein Kind meist selbst spürt, wann eine bestimmte Aufgabe erschöpfend geübt ist: es verliert die Lust daran und wendet sich Neuem zu. Allerdings könnte es auch sein, daß sich das Kind überfordert fühlt und deshalb die Lust verliert!
Andererseits zeigt das Kind auch, wann es noch mehr Übung benötigt: Eine Bewegung, ein Lied oder ein Spiel muß noch einmal und noch einmal wiederholt werden, auch wenn die Erwachsenen meinen, es müßte doch eigentlich längst langweilig geworden sein.
Aus diesen Erwägungen heraus werden hier einige ausgewählte Übungen aufgeführt, die die Koordinationsfähigkeit in besonderem Maße fordern und fördern. In diesen Übungen müssen besonders vielfältige Reize verarbeitet werden, bzw. sie erfordern ein besonders fein abgestimmtes Zusammenspiel der Muskeln. Abgesehen von den aufgeführten Übungen sind besonders Gleichgewichtsübungen, Wurf- und Fangspiele und alle diejenigen Übungen koordinationsfördernd, bei denen Ihr Kind noch kleine motorische Schwierigkeiten zeigt.

Das Kellnerspiel

Auf ein kleines Tablett oder einen Plastikteller mit Rand wird eine kleine Pappschachtel, ein Plastikbecher oder ein Tennisball gelegt, der transportiert werden muß, ohne vom Tablett zu rutschen. Dabei kann der Schwierigkeitsgrad dem Kind angepaßt werden:

1 - 2 Jahre	• vorwärts geradeaus gehen • mit beiden Händen tragen • hoch über dem Kopf halten und tragen
2 - 3 Jahre	• rückwärts gehen • mit einer Hand tragen
3 - 4 Jahre	• seitwärts gehen • auf dem Kopf balancieren • Wie kann das Tablett noch getragen werden?

Der Wackelball

Ein fest aufgeblasener mittelgroßer Wasserball wird auf einen Teppich oder andere rutschhemmende Unterlage gelegt. Das Kind kann

1 - 2 Jahre	• sich daraufsetzen und versuchen, die Füße vom Boden zu heben, ohne herunterzurutschen
2 - 3 Jahre	• sich daraufsetzen und versuchen, den Ball mit dem Gesäß hin- und herzurollen • sich bäuchlings auf den Ball legen und mit ausgestreckten Armen und Beinen »fliegen«
3 - 4 Jahre	• sich bäuchlings darauflegen und mit den Händen auf dem Boden abgestützt den Ball vorwärts, rückwärts oder seitwärts rollen

Hindernisse überwinden

1 - 2 Jahre	• allein über einen Stuhl klettern • über ein in ca. 20 cm Höhe gehaltenes Seil steigen • einen zusammengerollten Teppich übersteigen, überspringen, auch mit Aufstützen der Hände
2 - 3 Jahre	• allein über einen Tisch klettern • das hin- und herschwingende Seil übersteigen • über den »Fluß« springen, ohne ins Wasser zu treten (zwei Springseile parallel auf dem Boden ausgelegt) • den nun breiteren »Fluß« auf Trittsteinen (Taschentüchern, kleinen Kissen o.ä.) überqueren
3 - 4 Jahre	• an einem im Kniesitz mit ausgestreckten Armen sitzenden Erwachsenen hinaufklettern und sich auf seine Schultern setzen • Sie stehen dem Kind gegenüber, beide Hände gefaßt. Hocken Sie sich hin und führen Sie eine der beiden Hände in Bodennähe, so daß das Kind über diese gefaßten Hände steigen kann, unter den anderen gefaßten Händen hindurch. • Als zusätzliche Herausforderung werden Hocker, Stühle o.ä. als »Uferböschung« neben den »Fluß« gestellt, die vor dem Sprung hinauf- und hinabgeklettert werden müssen. • »Hampelmann«: Alle stehen mit geschlossenen Füßen, die Arme längs des Körpers herunterhängend. Nun mit einem Hüpfer die Beine grätschen und mit gestreckten Armen über dem Kopf in die Hände klatschen. Wieder in den Schlußstand hüpfen und die Arme senken, dann wieder in die Grätsche hüpfen und über dem Kopf klatschen, usw. • Seilspringen: In dieser Altersstufe beschränken wir uns auf das »Durchlaufen« des von Erwachsenen geschwungenen langen Seiles.

Übungen zur Förderung der Ausdauer

Ausdauer ist die Widerstandsfähigkeit des Organismus gegen Ermüdung, speziell bei Belastungen über einen längeren Zeitraum hinweg. Diese Fähigkeit hängt hauptsächlich von der Belastbarkeit des Herz-Kreislauf-Systems und seiner Reaktion auf wechselnde Anforderungen, z.B. erhöhte Duchblutung der Skelettmuskulatur, ab. Außerdem ist sie vom Stoffwechsel abhängig. Je mehr Sauerstoff von der Atemluft ins Blut übernommen und zu den Muskelzellen transportiert werden kann und je wirkungsvoller die vorhandene Energie im Muskel bereitgestellt und in Bewegung umgesetzt werden kann, desto weniger schnell ermüdet der Organismus. Demzufolge zeichnen sich Übungen, die der Förderung der Ausdauer dienen, durch längere Dauer der Anstrengung bei relativ niedriger Belastungsintensität, oder durch kürzere Belastungsphasen mit zwischengeschalteten Pausen aus. Dabei sollte die Anstrengung den Körper als Ganzes beanspruchen, sich also nicht auf einzelne Muskelgruppen beschränken. Charakteristische ausdauerfördernde Aktivitäten sind sämtliche Fortbewegungsarten: Gehen, Laufen, Hüpfen, Radfahren, Schwimmen etc., auf die wir uns auch im Kleinkinderturnen konzentrieren, soweit sie von den Kindern motorisch schon beherrscht werden.

Hinweis: Die hier aufgeführten Ausdauerübungen eignen sich auch als Aufwärmübungen, desgleichen sind die im vorigen Kapitel beschriebenen Aufwärmübungen auch zur Förderung der Ausdauer einsetzbar.

Ausdauerübungen

1 - 2 Jahre	• laufen, hüpfen oder galoppieren zu rhythmischem Klatschen schneller, langsamer, ganz schnell (Trippelschritte), ganz langsam (lange Gehschritte) • Pferd und Kutscher: Legen Sie ein Springseil um Ihren Nacken und führen sie die Enden unter den Achseln durch auf den Rücken. Ihr Kind steht hinter Ihnen und hält beide Enden des Seiles in den Händen: Sie sind das Pferd, das von dem Kutscher mit Hü, Hott und Brr! gelenkt wird.
2 - 3 Jahre 3 - 4 Jahre	• Wir spielen Auto: *Erst fahren wir ganz langsam im ersten Gang an.* *Nun schalten wir um und fahren etwas schneller.* *Dann müssen wir zurückschalten und fahren mit ganz lautem Brummen einen Berg hinauf.* *Wir fahren rückwärts in eine Parklücke und wieder heraus.* Das Motoren- und Bremsgeräusch nicht vergessen und die Verkehrsregeln beachten! • Schwänzchen fangen: Wir stecken uns alle hinten in den Hosenbund ein Taschentuch, ein Springseil oder ähnliches. Es wird versucht, den anderen das Schwänzchen wegzunehmen, ohne dabei das eigene einzubüßen. • Das Häuschenspiel: Jedes Kind sitzt in einem Reifen, auf einem Kissen, Bohnensäckchen oder ähnlichem. Dann laufen alle frei durch den Raum zu lebhafter Musik oder Händeklatschen. Auf ein Zeichen sucht jedes Kind so schnell wie möglich wieder sein »Häuschen« auf. **Tip:** Hierbei gibt es keine Belohnung, auch kein hervorhebendes Lob, für den Schnellsten!

Übungen zur Förderung der Grundfertigkeiten

Der Alltag bietet vielfältige Möglichkeiten, Grundtätigkeiten wie Gehen, Springen, Transportieren, Werfen usw. zu üben. Die Turnstunde hat das Ziel, das Bewegungsrepertoire über das Alltägliche hinaus zu erweitern. So werden verschiedenste Formen z.B. des Gehens ausprobiert. Vielfach bietet sich Gelegenheit, die Kreativität zu fordern, z.B. indem der anleitende Erwachsene nicht selbst die Variationen der Grundbewegung zeigt, sondern die Kinder dazu veranlaßt, selbst verschiedene Formen zu finden. Dabei hat es sich bewährt, durch Vorgaben der Kreativität einen Ansatzpunkt zu geben. Ohne diesen Ansatz fällt es vielen Kindern recht schwer, neue Lösungen zu finden, da kaum jemand aus dem Nichts heraus Ideen hervorbringen kann.

Gehen

Wir gehen...

1 - 2 Jahre	• auf den Zehenspitzen gehen • im Vierfüßlergang (krabbeln auf Füßen und Händen)
2 - 3 Jahre	• auf den Zehenspitzen gehen, auch rückwärts und seitwärts • auf den Fersen gehen, auch seitwärts • im Vierfüßlergang (krabbeln auf Füßen und Händen), auch rückwärts und seitwärts
3 - 4 Jahre	• auf den Außen-, dann auf den Innenkanten der Füße gehen (mit O-Beinen wie ein Teddybär, mit X-Beinen), auch rückwärts und seitwärts • im Krabbengang (krabbeln auf Füßen und Händen, Bauch nach oben) in alle Richtungen • im Paßgang, d.h. erst mit dem rechten Fuß und der rechten Hand gleichzeitig einen Schritt vorwärts machen, dann mit dem linken Fuß und der linken Hand • in der Hocke gehen, auch rückwärts und seitwärts

Wer kann...

1 - 2 Jahre	• schleichen wie ein Dieb: mit gebeugtem Rumpf und Beinen • gehen wie ein Soldat: mit gestreckten Beinen, Armen und Rumpf • staksen wie ein Storch • watscheln wie eine Ente: in der Hocke. Schlägt die Ente auch mit den Flügeln? • rückwärts gehen, ohne irgendwo anzustoßen
2 - 3 Jahre	• gehen wie ein Roboter mit abgehackten Bewegungen • schwanken wie ein Kamel im Paßgang • beim Gehen die Füße von der Ferse bis zur Spitze der großen Zehe abrollen • beim Gehen die Füße von der Spitze der großen Zehe bis zur Ferse abrollen • seitwärts gehen (die Füße bei jedem Schritt schließen oder überkreuzen)
3 - 4 Jahre	• torkeln wie ein Seemann auf dem schwankenden Schiff im Sturm • Wer kann ein Fapptitopp (Fantasiegeschöpf) nachmachen, das hinter seinen Eltern herläuft? • Und wie sieht das bei einem Schuseldiesel aus? (anderes Fantasiegeschöpf) • Wer findet noch eine andere Art des Gehens? Z. B. die Füße bei jedem Schritt überkreuzen, die Füße nach vorn schieben, die Knie bei jedem Schritt hoch anheben, die Fersen ans Gesäß führen.

Tip: Um den Kindern das Erfinden origineller Arten des Gehens zu erleichtern, denken Sie sich Fantasiegeschöpfe aus. Ein »Fapptitopp« zum Beispiel kann sich jedes Kind selbst vorstellen oder im Gespräch mit Erwachsenen erarbeiten: wie mag es wohl aussehen? Welche Farbe hat es? Wie viele Beine und Arme? Hat es Flügel? Welche Laute bringt es hervor? Wie bewegt es sich fort? Hüpft es abwechselnd auf je einem Fuß und schlägt dazu mit den Fäusten nach oben in die Luft? Als Gegensatz zum »Fapptitopp« könnte ein »Schuseldiesel« ganz anders aussehen und sich ganz anders fortbewegen: vielleicht schleichend und mit schlenkernden Armen. Die phonetische Eigenart der Namen der Fantasiegeschöpfe gibt einen Ansatz für das Gestalten der Fortbewegungsarten.

Laufen

Wer kann laufen...

1 - 2 Jahre	• wie ein Elefant: mit dem ganzen Fuß aufstampfen, mit großen Schritten, dabei trompeten! • wie eine Maus: leicht und leise nur auf Zehenspitzen (Ballen) mit kleinen Schritten, piepsen! • wie eine Katze: leicht und federnd mit großen, leisen Schritten, miauen! • nur auf den Zehen • auf den Linien des Bodens
2 - 3 Jahre	• wie ein Jogger: mit leicht angewinkelten Armen langsam und federnd, dabei den ganzen Fuß abrollen • wie ein Mensch, der den Bus fast verpaßt: mit schlenkernden Armen, mit dem ganzen Fuß auftreten, so schnell wie möglich rennen • wie ein Indianer, leichtfüßig, leise und schnell • und dabei die Füße von der Zehenspitze bis zur Ferse und wieder zurück abrollen? • auf kurvigen Bahnen um Möbelstücke herum
3 - 4 Jahre	• wie ein Sprinter: in Vorlage mit stark angewinkelten Armen nur mit den Fußballen auftreten • wie ein Tennisspieler: hin und her, wohin der Ball trifft, schnell die Richtung wechseln, abbremsen und beschleunigen • auf einer kreis-, schnecken- und achtförmigen Bahn

Tip: Fang- und Nachlaufspiele sind auch bei den Kleinsten beliebt, besonders wenn ein Erwachsener es scheinbar kaum schafft, das davonlaufende Kind einzuholen.

Springen

Wir probieren nicht nur verschiedene Hoch- und Weitsprünge aus, sondern auch Niedersprünge und Kombinationen all dieser Möglichkeiten. So fordern Sprünge von einem Stuhl herunter oder auf eine Matratze hinauf das Kind heraus und vermitteln eine Fülle von neuen Bewegungserfahrungen. Die Steigerung der Höhe bzw. Weite, die übersprungen werden soll, stellt eine zusätzliche Herausforderung dar.

Pferde im Zirkus

Heute sind wir im Zirkus, und wir sind die Pferde. Wir galoppieren in der Manege herum und führen die tollsten Sprünge vor.
Ein Parcours aus verschieden hohen und breiten Hindernissen wird überwunden:
- Auf einen Stuhl hinaufklettern und an der anderen Seite herunterspringen.
- Über ein evtl. längs gefaltetes, quer zur Laufrichtung ausgelegtes Handtuch springen.
- Auf ein dickes Kissen hinaufspringen und wieder herunter.
- Über einen auf zwei kleine Pappschachteln aufgelegten Besenstiel springen.

1 - 2 Jahre	• mit beiden Füßen abspringen und landen oder mit einem Fuß abspringen und mit dem anderen landen (Schrittsprung)
2 - 3 Jahre	• mit geschlossenen Füßen (Schlußsprung)
3 - 4 Jahre	• Absprung und Landung auf dem gleichen Fuß. • Welches Pferd macht die verrücktesten Kunststücke?

Wer kann sich eine besonders tolle Art, über das Seil zu springen, ausdenken?

1 - 2 Jahre	• mit einem Schritt • mit geschlossenen Füßen • mit einem Fuß abspringen und mit geschlossenen Füßen landen
2 - 3 Jahre	• mit Armbewegungen während der Sprungphase (kreisend, rudernd o.ä.) • mit einem Schrei
3 - 4 Jahre	• mit dem Rücken zum Seil abspringen • mit einer Drehung (Schraube) in der Luft • mit einem Purzelbaum landen (bei geeignetem Boden) • mit Anhocken oder Grätschen der Beine im Sprung

Weitsprung

1 - 2 Jahre 2 - 3 Jahre 3 - 4 Jahre	Wer kann bei jedem Sprungversuch etwas weiter springen als das vorherige Mal? Die Betonung liegt darauf, möglichst *oft* noch die Sprungweite zu steigern.

Hochsprung

1 - 2 Jahre 2 - 3 Jahre 3 - 4 Jahre	Wer kann die ausgestreckte Hand eines Erwachsenen im Sprung mit einer Hand, mit beiden Händen oder mit dem Kopf berühren? Hierbei muß die Höhe der Hand den individuellen Fähigkeiten des Kindes angepaßt werden: nicht zu niedrig, so daß das Berühren eine Herausforderung darstellt, aber auch nicht so hoch, daß das Ziel nicht spätestens nach dem zweiten oder dritten Sprung erreicht werden kann.

Transportieren

Balltransport

Einen Ball über eine festgelegte Strecke transportieren, ohne ihn mit den Händen festzuhalten

1 - 2 Jahre	• zwischen Arm und Rumpf einklemmen • kicken
2 - 3 Jahre	• zwischen Kinn und Brust einklemmen • zwischen den Füßen festklemmen und hüpfen • im Vierfüßlergang den Ball mit der Stirn vor sich her rollen
3 - 4 Jahre	• auf den gestreckten Armen oder Händen balancieren • mit den Händen oder auch mit dem Fuß dribbeln • im Krabbengang (Vierfüßlergang, Rücken zum Boden gewandt) den Ball auf dem Bauch balancieren

Möbeltransport

Hier helfen mehrere Kinder zusammen.

1 - 2 Jahre	• Können wir den (kleinen!) Teppich zusammenrollen und gemeinsam in den Flur tragen? • Ein großes Bodenkissen tragen wir zusammen zum Sofa und legen es darauf, um Platz zum Turnen zu schaffen.
2 - 3 Jahre	• Zusammen den Kinderstuhl auf den Kindertisch stellen. • Gemeinsam eine große Pappkiste ins Zimmer tragen, die Turngeräte ausräumen und die leere Kiste danach wieder hinaustragen.
3 - 4 Jahre	• zusammen den Kindertisch ins Nebenzimmer tragen, ohne dabei irgendwo anzustoßen.

Werfen und Fangen

Benutzen Sie nicht nur Bälle, sondern auch Kissen, kleine Pappschachteln, leere Flaschen aus Plastik (keine Reinigungsmittelflaschen!), Bierdeckel, zusammengeknülltes Papier usw. Beim Turnen in der Wohnung sollten nur leichte und weiche Wurfobjekte zum Einsatz kommen. Besonders geeignet sind Softbälle aus Schaumstoff oder selbst hergestellte Wurfobjekte aus Stoff oder ähnlich weichem Material. Ein zusammengeknotetes Kopftuch oder Handtuch eignet sich gut. Wenn Sie draußen turnen, nehmen Sie auch schwerere Dinge wie Bauklötze oder mit Wasser oder Sand gefüllte kleine Plastikgefäße hinzu, um dem Kind möglichst verschiedenartige Bewegungserfahrungen zu ermöglichen. Achten Sie darauf, daß beide Hände gleichmäßig gebraucht werden.

Rollende Bälle und mehr

Wir benötigen eine Papprolle, einen Wasserball, einen kleinen oder großen Softball, Murmeln o.ä.

Wir können

1 - 2 Jahre	• einen Ball auf ein Ziel rollen, z.B. zwischen den gegrätschten Beinen eines Erwachsenen hindurch oder unter einem Stuhl hindurch
2 - 3 Jahre	• eine Murmel in ein Tor, z.B. aus Bauklötzen gebaut, rollen • einen Ball auf ein Ziel mit beiden, aber auch mit einer Hand rollen: Wer kann den Ball so rollen, daß die senkrecht aufgestellte Papprolle oder Plastikflasche umfällt?
3 - 4 Jahre	• eine Papprolle oder runde Plastikflasche auf ein Ziel rollen: z. B. zwischen den eigenen gegrätschten Beinen hindurch nach hinten bis in das aus Bauklötzen gebaute Tor

Der Torwart

Abfangübungen mit rollenden Gegenständen

1 - 2 Jahre	• Kind und Erwachsener sitzen sich mit gegrätschten Beinen gegenüber. Der große Ball wird hin und her gerollt und abgefangen, bevor er die Beine berührt. Wer trifft das Tor, ohne daß der Torwart den Ball fängt?
2 - 3 Jahre	• dasselbe mit einem kleineren Ball, z.B. einem Tennisball, und mit wachsender Entfernung voneinander
3 - 4 Jahre	• dasselbe mit einer Papprolle oder runden Plastikflasche, oder mit anderen, auch unregelmäßig rollenden Gegenständen, z.B. einem Plastikei

Wurfspiele

Wir werfen mit allen möglichen Geräten; je verschiedenartiger, desto besser. Hierbei sollte vor allem beidhändig vor dem Körper, aber auch über den Kopf geworfen werden. Kleine Objekte wie Sockenball oder Softball können auch mit einer Hand geworfen werden.

1 - 2 Jahre	• das Kissen (den Ball) hochwerfen, weitwerfen, so kräftig wie möglich auf den Boden werfen. Wer kann das Kissen bis an die Decke (bis an die Wand) werfen? • Wer kann das Kissen auf den Sessel (das Bett) werfen? • Wer kann die Bauklötze in eine Kiste oder in einen Beutel hineinwerfen? Die Distanz langsam steigern. Dies ist eine Aufgabe, die das Aufräumen unterhaltsam macht!
2 - 3 Jahre	• beidhändig über den Kopf werfen • einhändig weit- und hochwerfen • einen Tennisball so kräftig auf das Kissen werfen, daß eine Kuhle im Kissen entsteht • einen Erwachsenen mit dem Kissen treffen
3 - 4 Jahre	• eine senkrecht aufgestellte sandgefüllte Plastikflasche mit dem Ball umwerfen • das Kissen so kräftig werfen, daß der (leichte) Kinderstuhl umfällt • den Wasserball mit dem Kissen treffen, so daß er wegrollt • rückwärts über den Kopf oder zwischen den gegrätschten Beinen hindurch hoch- und weitwerfen

Übungen zur Haltungsschulung und Muskelkräftigung

Rückenschmerzen und Muskelverspannungen im Schulter- und Nackenbereich sind oft auf Fehlhaltungen bzw. Bandscheibenverschleiß zurückzuführen. Normalerweise wird der natürliche Bandscheibenverschleiß durch die Haltefunktion der die Wirbelsäule umgebenden Muskulatur kompensiert, so daß die Wirbelsäule trotz geschädigter Bandscheiben ihre Funktion normal erfüllen kann. Wenn jedoch diese Muskulatur nicht genügend ausgebildet ist, kann sie die fehlende Stützfunktion der Bandscheiben nur unzureichend ausgleichen und es treten Schmerzen und Verspannungen auf.

Das frühe Kindesalter bietet mit seiner hohen Konzentration von Wachstumshormonen im Organismus die ideale Gelegenheit, diese Muskelgruppen zu stärken. Wenn dies in der frühen Kindheit versäumt wurde, läßt es sich in späteren Jahren nur unzureichend nachholen. Nur im Kindes- und Jugendalter können sich Muskelfasern neu bilden, da nur zu dieser Zeit die notwendigen Wachstumshormone verfügbar sind. Ohne diese Hormone können in späteren Lebensabschnitten die Muskelfasern durch Training nur noch in ihrer Dicke (die in direktem Zusammenhang mit der Kraft steht) beeinflußt werden. Ist jedoch nur eine vergleichsweise geringe Anzahl von Muskelfasern in einem bestimmten Muskelstrang vorhanden, so kann auch das beste Trainingsprogramm die Kraft dieses Muskelstranges nur begrenzt verbessern. Folglich ist es unerläßlich, die gesamte Muskulatur im Kindesalter umfassend zu trainieren. Allerdings ist ein »Krafttraining« im Kindesalter zu vermeiden, da Überbelastung Schäden am Knochengerüst verursachen kann.

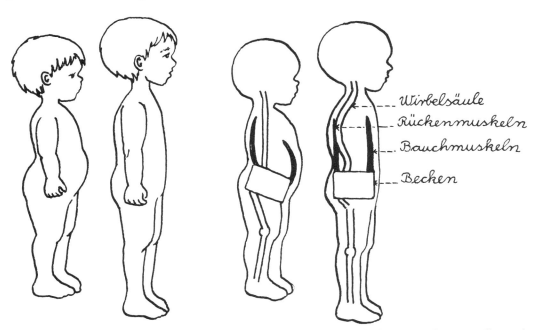

Häufig zeigen Kinder nur geringfügige Abweichungen von der Idealhaltung. In diesem Falle reicht gezielte Gymnastik zur Kräftigung der Muskulatur meist aus, um die Haltung zu normalisieren. Aber auch im Falle normaler Entwicklung ist eine umfassende Übung sinnvoll. Nur die wohldosierte Belastung ist imstande, den gesamten Haltungsapparat so zu trainieren, daß er ein Leben lang das Gewicht des Körpers zu tragen vermag. Dergestalt vorbereitet, werden nicht nur die Wirbelsäule, sondern auch die Füße, die Knie- und Hüftgelenke kaum vorzeitige bzw. übermäßige Verschleißerscheinungen zeigen. Entsprechende Übungen gewöhnen das Kind schon früh an eine gesunde Körperhaltung, so daß verschleißfördernde Fehlhaltungen gar nicht erst auftreten.

Bei dieser gezielten Gymnastik wird eine ausgewogene Beanspruchung der verschiedenen Muskelgruppen angestrebt. Es ist also sinnvoll, aus den im Folgenden dargestellten Übungen verschiedene so auszuwählen und zusammenzustellen, daß unterschiedliche Bewegungen aufeinander folgen und die Belastung möglichst gleichmäßig ist. Vermeiden Sie zu intensives Wiederholen einer Übung, vor allem innerhalb eines kurzen Zeitraumes, auch wenn die Übung noch so begeistert vom Kind aufgenommen wird! Es besteht die Gefahr, daß andere Muskelgruppen dadurch vernachlässigt werden und unter Umständen sogar das Entstehen einer Fehlhaltung begünstigt wird. Um eine ausgewogene Belastung zu gewährleisten, sollte eine intensiv geübte Bewegung durch eine entgegengesetzt wirkende ergänzt werden. Um die Zusammenstellung zu erleichtern, sind die folgenden Übungen nach den überwiegend beanspruchten Muskelgruppen geordnet.

Übungen zur Haltungsschulung im Schultergürtel, Brust- und Lendenwirbelsäulenbereich

Rückwärtige Rückenmuskulatur (Wirbelsäulenstrecker)

| 1 - 2 Jahre | • Wer kann mit einem Bohnensäckchen auf dem Kopf so gerade stehen, daß es nicht hinunterfällt? Wer schafft das mit einer Pappschachtel, mit einem Stapelbecher oder sogar mit einem Teddy? |

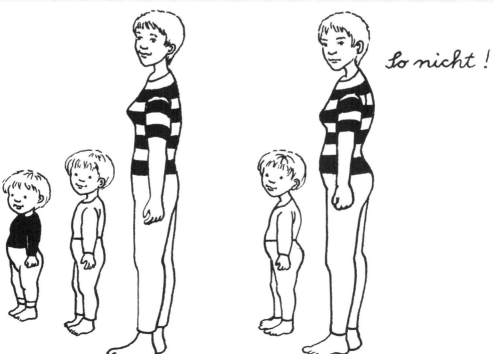

	• In Bauchlage, Arme nach vorn ausgestreckt. Vor dem Kind liegt, gerade in Reichweite, ein Bohnensäckchen und rechts und links neben ihm weitere. Mit einer Hand greift es ein Bohnensäckchen und legt es auf das vor ihm liegende. Dann das nächste mit der anderen Hand und so weiter, bis der Turm so hoch ist, daß er umfällt.
	• Legen Sie sich auf den Bauch, das Kind in Bauchlage gegenüber. Rollen Sie mit den Händen einen Ball zum Kind, das Kind rollt ihn zurück.
2 - 3 Jahre	• Wer kann mit dem Bohnensäckchen auf dem Kopf auch noch vorwärts (rückwärts, seitwärts) gehen?
	• Bauchschaukel: In Bauchlage Arme und Beine so weit wie möglich nach vorn bzw. hinten und oben ausstrecken und evtl. mit Hilfe schaukeln.

	• In Bauchlage über einen Stuhl (Hocker) legen, Hände auf dem Boden aufgestützt, ein Erwachsener hält die Füße fest. Mit den Händen seitlich so weit wie möglich im Bogen um den Stuhl herumwandern.
	• Was macht ein Pferd, wenn es nicht geritten werden will? Es schlägt aus und bockt. Wer kann das wildeste Pferd spielen: Die Hände wie zum Handstand auf den Boden stützen und erst abwechselnd mit einem, dann mit dem anderen Bein nach hinten treten. Dann beide Füße vom Boden lösen und in der Luft strampeln.
3 - 4 Jahre	• Mit dem Säckchen auf dem Kopf hinsetzen und wieder aufstehen
	• In Rückenlage, Füße am Gesäß aufgestellt und Hände neben dem Brustkorb. Das Gesäß so anheben, daß der Rumpf einen »Tisch« bildet und Knie, Hüften und Schultern möglichst auf einer waagrechten Ebene liegen. Wer kann so einen Tisch machen? Und wenn eine Schachtel auf dem Tisch liegt, fällt sie nicht herunter? Kann der Tisch so wackeln, daß sie herunterfällt?

- Schubkarre: Bauchlage, die Hände sind auf dem Boden aufgestützt. Ein Erwachsener ergreift mit beiden Händen die Oberschenkel des Kindes, so daß es seinen Rumpf vom Boden heben kann. Vorwärts und seitwärts gehen. Transportieren Sie Spielzeug!

Ein Baum wächst

2 - 4 Jahre	Sich aus der kauernden Hocke langsam aufrichten, bis der Körper als Ganzes vollkommen gestreckt ist, Arme in Hochhalte, auf den Zehen stehend: *Wir sind klitzekleine Kastanien, liegen auf der Erde und warten auf den Frühling.* (in der Hocke kauern) *Der Frühling kommt, es wird warm, die Sonne scheint und die Erde ist feucht... Wir fangen an zu wachsen und strecken uns der Sonne entgegen* (Arme hoch) *... dann strecken sich unsere Wurzeln* (Beine) *und schließlich werden wir zu einem riesengroßen Kastanienbaum, der immer höher der Sonne entgegenwächst!* (Aufstehen, die Arme hoch) *Unser Stamm ist ganz gerade und hat keine Kurven, weder nach hinten noch nach vorn. Schließlich öffnen sich unsere wunderschönen Blüten* (die Finger werden gespreizt) *und daraus wachsen im Herbst die Kastanien* (Hände zu Fäusten schließen). *Schließlich fallen die Kastanien mit einem Plumps herunter* (mit den Fäusten auf den Boden schlagen und dabei wieder in die Hocke kauern). *Jetzt fängt alles wieder von vorn an.*

Hinweis: Diese Bewegungsgeschichte ist mit Kindern mehrerer Altersstufen durchführbar. Sie sollten die Bewegungen zusammen mit Ihrem Kind ausführen. Achten Sie auch bei sich selbst darauf, den Körper gerade zu halten, ohne Rundrücken oder Hohlkreuz. Korrigieren Sie auftretende Fehlhaltungen vor dem Spiegel, besonders in der Altersgruppe 3 - 4 Jahre, z.B. durch Vormachen erst der falschen, dann der richtigen Haltung. Ein Rundrücken wird durch Zusammenführen der Schulterblätter und Heben des Scheitels bzw. Rückwärtsführen des Kopfes korrigiert, ein vorgewölbter Bauch bzw. Hohlkreuz durch Anspannung der Bauchmuskulatur und gleichzeitiges Kippen der Beckenknochen nach hinten und durch Anspannung der Gesäßmuskulatur.

Dieselbe Geschichte läßt sich auch mit anderen Pflanzen, für die ein gerader Wuchs typisch ist, durchführen, z.B. mit der Sonnenblume.

Bauchmuskulatur (Wirbelsäulenbeuger)

1 - 2 Jahre	• Radfahren: in Rückenlage die Beine senkrecht nach oben strecken und »strampeln«
	• setzen Sie sich dem Kind gegenüber, beide mit gegräschten Beinen. Rollen Sie sich einen Ball zu und beugen Sie dabei den Rumpf sowohl beim Wegrollen wie beim Abfangen weit nach vorn.
2 - 3 Jahre	• in Rückenlage die Beine geschlossen (nicht unbedingt gestreckt) anheben und möglichst bis zur Bodenberührung hinter den Kopf führen. Achten Sie beim Anheben der Beine darauf, daß die Lendenwirbelsäule möglichst dicht am Boden bleibt. Nur so wird die Bauchmuskulatur beansprucht.
	• im Sitzen mit den Füßen so viele Bohnensäckchen wie möglich aufeinanderlegen, bis der Turm umfällt. Der Rücken bleibt dabei im Lendenbereich rund, die Beine gebeugt und die Hände aufgestützt.
3 - 4 Jahre	• der Kran: Setzen Sie sich mit dem Kind vor einen Hocker, eine knappe Beinlänge davon entfernt. Wer kann mit den Füßen eine Pappschachtel oder ein Bohnensäckchen auf den Hocker legen und dann wieder auf den Boden legen, ohne sie fallenzulassen? (Ill. 38 !)
	• Klötze auftürmen: im Sitzen mit den Füßen einen möglichst hohen Turm aus Bauklötzen bauen.

Übungen zur Kräftigung der Fußmuskulatur

Die häufig beobachteten Haltungsfehler an Kinderfüßen weisen darauf hin, daß es trotz fortschreitender Entwicklung in der Schuhtechnik offenbar nicht ausreicht, Kinder von den ersten Schritten an mit gutem Schuhwerk zu versorgen.
Der Fuß als wichtiges Element des menschlichen Haltungsapparats braucht nicht nur die Stütze eines geeigneten Schuhs, sondern vor allem Übung, um sich kräftig und gesund zu entwickeln. Lassen Sie deshalb Ihr Kind so oft und so viel wie möglich barfuß laufen. Denn selbst der beste Schuh schränkt die natürliche Bewegung des Fußes ein und damit die normale Funktionsweise der Muskulatur, so daß sie sich nicht genügend frei entwickeln kann und anfälliger ist für die Entstehung von Fehlhaltungen.

Übungen zur Adduktion
(Einwärtsknicken des Fußes)

Die Kräftigung der bei dieser Bewegung aktiven Muskelgruppen ist besonders wichtig, da viele Fehlhaltungen mit einer Schwäche dieses Teils des Bewegungsapparats einhergehen oder darauf zurückzuführen sind.

1 - 2 Jahre	• Laufen auf den Fußaußenkanten: laufen mit O-Beinen, wie ein Bärenkind, wie ein Clown, wie ein Cowboy • Greifen eines Gegenstandes mit beiden Füßen im Sitzen: z.B. Tennisball, Tischtennisball, Sockenball, zusammengeknüllte Zeitung, Toilettenpapierrolle, große Bausteine, Plastikbecher, kleines Handtuch oder großes Taschentuch etc. • Wer kann sich mit dem eigenen großen Zeh an die Nase tupfen?
2 - 3 Jahre	• im Sitzen einen Gegenstand mit beiden Füßen greifen und hochwerfen • im Sitzen einen Gegenstand zwischen den Fußsohlen rollen, Füße in der Luft **Tip:** möglichst verschiedenartige Oberflächen und Formen: glatt, rauh, genoppt, samtig, unregelmäßig geformt, wie Wollknäuel, Zeitungsknäuel, Kartoffel, Kastanie, Eichel, Schaumgummiwürfel; verschiedene Gewichte und Größen machen diese Übung besonders interessant. Neben dem Trainingseffekt vermittelt sie verschiedenartige Tasterlebnisse. Außerdem kann noch eine emotionale Komponente hinzukommen: Welcher Gegenstand fühlt sich am schönsten an? Welcher gar nicht? • einen Ball mit der Fußsohle hin und her rollen, von einem Fuß zum anderen, im Sitzen und auch im Stehen
3 - 4 Jahre	• im Sitzen mit beiden Füßen einen Ball zum Partner hin rollen • eine flache Schachtel (z.B. Pralinenschachtel) mit beiden Füßen aufheben und auf die Schmalseite stellen. Und ein dickes, nicht zu schweres Buch? • Klötze auftürmen: im Sitzen mit den Füßen einen möglichst hohen Turm aus nicht zu kleinen Bauklötzen bauen • Wer kann sich mit dem Fuß am Kopf kratzen? Und wer kann das, ohne den Fuß selbst mit den Händen festzuhalten, sondern nur den Unterschenkel?

Übungen zur Beugung der Zehen
(Stärkung der Fußstreckermuskulatur)

1 - 2 Jahre	• auf den Zehen laufen (je höher die Fersen dabei gehoben werden, desto besser) und ganz hoch strecken. Wer kann die Äpfel ganz hoch oben pflücken? Wer kann sich so groß machen wie eine Giraffe? • auf einem auf dem Boden ausgelegten Seil balancieren: auf der Geraden, auf einem Kreis, einer Schnecke, in Schlangenlinien, etc.; vorwärts, rückwärts, seitwärts - möglichst ohne Festhalten! • Kastanien und/oder Eicheln auf dem Boden auslegen und mit bloßen Füßen darauftreten. Im Stehen mit einem Fuß die Früchte hin- und herrollen
2 - 3 Jahre	• kleine Gegenstände (Bleistift, Springseil, Taschentuch, Murmeln, Eicheln, Kastanien, Muscheln, Legosteine und Dinge ähnlicher Größe) mit den Zehen greifen • Sand, Gras, Blätter usw. mit den Zehen greifen: Wer kann seine hohle Hand mit den Zehen vollbaggern? Wer kann Gras mit den Zehen abreißen? Oder frisch gemähtes Gras mit den Zehen aufsammeln? • ein Zeitungsblatt zwischen Erwachsenen und Kind legen. Wer schafft es, das Blatt mit den Zehen zu sich hinzuziehen?
3 - 4 Jahre	• kleine Gegenstände mit den Zehen nach Farbe, Form, Größe sortieren. Die zu sortierenden Gegenstände in die verschiedenen Behälter hineinwerfen, natürlich mit den Füßen, im Sitzen oder im Krabbenstand. **Tip:** Eine ausgezeichnete Möglichkeit, das Aufräumen unterhaltsamer zu gestalten! • ein Zeitungsblatt mit den Zehen zerknüllen • »Raupengang«

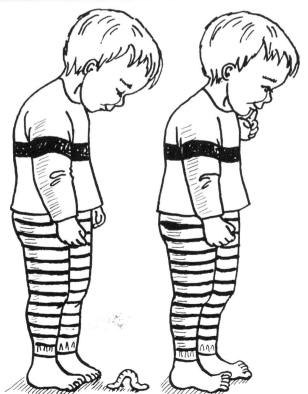

Übungen zur Abduktion
(Auswärtsknicken des Fußes)

1 - 2 Jahre	• einen Ball mit der Außenkante des Fußes wegrollen
2 - 3 Jahre	• auf den Innenkanten der Füße laufen
3 - 4 Jahre	• »Twist tanzen«: mit leicht gegrätschten Beinen, Füße parallel, die Knie seitwärts hin und her bewegen, so daß abwechselnd die Außen- und die Innenkanten der Füße belastet werden

Übungen zur Überstreckung der Zehen und Fußbeugemuskulatur

1 - 2 Jahre	• Fingerspiele mit den Zehen: Das ist der Daumen, der schüttelt die Pflaumen (der große Zeh wird mit Daumen und Zeigefinger hin und her bewegt). Der hebt sie auf (zweiter Zeh), der legt sie in den Korb (dritter Zeh), der trägt sie nach Haus (vierter Zeh), und der allerkleinste, der ißt sie alle, alle auf (kleiner Zeh): Jeder Zeh wird ergriffen und hin und her bewegt. Andere Fingerspiele ausprobieren!
2 - 3 Jahre	• auf den Fersen laufen, die Zehen so hoch wie möglich haltend • ein Bohnensäckchen auf dem Rücken des einen Fußes tragen. Und eine Kastanie? • im Sitzen, Beine geschlossen und gestreckt, die Füße beugen und strecken. Wer kann die Zehen am höchsten strecken? Wer kann sie am weitesten nach vorn strecken?
3 - 4 Jahre	• Füße kreisen. Wer kann mit seiner großen Zehe den größten Kreis in die Luft malen? • Im Sitzen, Beine geschlossen und gestreckt. Die großen Zehen unterhalten sich: Fußsohlen zueinander drehen. Jetzt haben sie sich gestritten und wollen nichts mehr voneinander wissen: Fußsohlen nach außen drehen • In Rückenlage, Beine senkrecht nach oben gestreckt, die Füße beugen und strecken im Wechsel, kreisen, nach außen und nach innen kehren.

Übungen zur Förderung der Wahrnehmung

Von den Sinneswahrnehmungen stehen das Sehen, Hören und Tasten in direktem Zusammenhang mit der Bewegung. Im Folgenden finden Sie einige Übungen, die Sie im Rahmen einer Turnstunde einfügen können, um im Sinne einer ganzheitlichen Entwicklung auch diese Fähigkeiten zu fördern. Weitere Vorschläge für Wahrnehmungsspiele wie z.B. Geräusch-, Tast- und Schmeckparcours oder Orientierungsspiele finden Sie in Büchern zum Thema.

Räumliche Orientierung

1 - 2 Jahre	• Weckersuchen: ein aufgezogener, laut tickender Küchenwecker wird im Raum versteckt. Wer findet ihn?
2 - 3 Jahre	• Das Kind schließt die Augen, während Sie sich im Raum verstecken, z.B. hinter einem Vorhang oder einem Möbelstück. Dann darf das Kind die Augen öffnen. Sie verraten sich durch leise Piepstöne. Rollen tauschen
3 - 4 Jahre	• Das Kind sitzt mit geschlossenen Augen in der Mitte des Raumes. Eine Holzkugel, wird auf dem Boden so weit gerollt, bis sie fast außer Sichtweite ist, z.B. unter einem Möbelstück. Das Geräusch muß gut zu hören sein. Dann darf das Kind sich umsehen. Wohin ist die Kugel gerollt? • Der Blinde: Das Kind schließt die Augen, und die Mutter führt es vorsichtig durch die Wohnung oder den Garten. Wo befinden wir uns gerade?

Unterscheidung verschiedener Materialeigenschaften

Möglichst viele Bälle verschiedener Größen, Farben, Gewichte und Materialien werden im Raum verteilt. Auch eine Kastanie, eine Murmel, ein Kieselstein, ein zusammengeknülltes Zeitungsblatt, ein Wollknäuel, eine Apfelsine und ein Luftballon sollten mit dabeisein.

1 - 2 Jahre	• Welche Bälle rollen am besten? • Welche rollen besonders schnell bzw. langsam ein schräges Brett hinunter? • Welche lassen sich zusammendrücken?
2 - 3 Jahre	• Welche lassen sich gut hochwerfen (Vorsicht mit harten Bällen!)? • Welche fühlen sich glatt, rauh, warm, kalt usw. an? • Jetzt wollen wir die Bälle sortieren: nach Farben, nach Größe, nach Gewicht, nach Weichheit, usw. In einer Reihe ordnen! • Welcher Ball gefällt Dir am besten? Welcher am wenigsten gut?
3 - 4 Jahre	• Wie hört sich das Rollen auf Teppich, auf Holz-, auf Steinboden an? Wie das Hinunterfallen? • Welcher Gegenstand fühlt sich am schönsten an? • Wie fühlt es sich an, wenn wir die Bälle auf dem nackten Bauch herumrollen? **Hinweis:** Auch wenn Ihr Kind noch nicht in der Lage sein sollte, sein Gefühl mit Worten auszudrücken, so sind diese Erfahrungen sehr wichtig. Oft reicht die Frage: »Ist das schön?« aus, um auf dieses Gefühl aufmerksam zu machen.

Übungen zur Förderung des Gleichgewichtes: Balancieren

Ihr Kind muß auch beim Balancieren selbst sein Tempo bestimmen können. Unterstützen Sie es so wenig wie möglich, auch wenn es scheinbar nicht ohne Ihre Hilfe geht. Ihr Kind kann nur dann sein Gleichgewichtsgefühl trainieren, wenn die komplexen Steuer- und Regelkreise, die dieses Gefühl bestimmen, auch beansprucht werden. Wenn Sie Ihr Kind stützen, um ihm das Gehen auf dem Mäuerchen zu erleichtern, kann es die Sinneseindrücke des Aus-dem-Gleichgewicht-Geratens nicht erfahren. Das wiederum verhindert die Bildung der Bewegungsmuster, die das Gleichgewicht wiederherstellen. In Wirklichkeit hemmen Sie also seine Entwicklung, statt sie zu fördern.

Hinweis: Sinneszellen in den Fußsohlen, Gelenken, Sehnen und Muskeln melden an das Gehirn die Veränderung der Körperlage. Um die aufrechte Position wiederherzustellen, werden die dafür notwendigen Muskelgruppen unbewußt aktiviert. Diese unbewußte Reaktion muß jedoch erlernt werden und wird umso schneller erlernt, je öfter entsprechende Situationen erlebt und das Ungleichgewicht ausgeglichen werden kann. Wenn bei diesem Prozeß jedoch Einfluß von außen, die »helfende« Hand eines Erwachsenen, einwirkt, wird der interne Regelprozeß gestört und die Zusammenschaltung von gleichgewichtsmeldenden und muskelsteuernden Nervenimpulsen kann nicht die richtigen Muster aufbauen: das Gleichgewichtsgefühl kann sich nicht optimal entwickeln.

Balancieren auf dem Spaziergang

Nutzen Sie also die sich bietenden Möglichkeiten, und sei es auf einer Linie auf dem Boden. Je leichter dabei das Schuhwerk ist, desto besser. Durch eine dünne Sohle läßt sich das Gleichgewicht besser regulieren.

1 - 2 Jahre	• auf niedrigen Mäuerchen (z. B. Bürgersteigkante) vorwärts, seitwärts • barfuß auf einem auf dem Boden ausgelegten Seil • mit einem kleinen Gegenstand (Sandförmchen o.ä.) auf den nach vorn ausgestreckten Händen gehen
2 - 3 Jahre	• rückwärts • laufen • mit einem kleinen Gegenstand (leere Einkaufstasche o.ä.) auf dem Kopf • mit geschlossenen Augen • über ein auf das Mäuerchen gelegtes Hindernis (kleiner Stein, Zweig o.ä.) hinwegsteigen • auf einem in Kurven ausgelegten Seil
3 - 4 Jahre	• hüpfend • mit Drehung • mit einem kleinen Sprung • balancieren auf der Wippe (möglichst aus einem runden Stamm) • auf runden bzw. unebenen Oberflächen balancieren • Ein Erwachsener und ein Kind beginnen an den entgegengesetzten Enden der Balancierstrecke und versuchen, aneinander vorbeizukommen, ohne auf den Boden zu treten • auf einem Mäuerchen hinsetzen und wieder aufstehen • auf dem Rücken eines in Bankstellung stehenden Erwachsenen freihändig knien, evtl. auch stehen

Tip: Verspüren Sie bei Balancierübungen das Bedürfnis, das Kind zu sichern, unterstützen Sie es so: halten Sie von hinten Ihre Hände unter eine oder beide Hände des Kindes in Brust- oder Schulterhöhe des Kindes. So kann es sich, wenn es unsicher wird, auf Ihrer Hand abstützen. Ist das Kind sehr unsicher, verringern Sie die Höhe. Nur im Falle akuter Verletzungsgefahr sollten Sie aktiv eingreifen, ansonsten sich auf passive Sicherung beschränken. Der Stolz und die Freude des Kindes über das allein gemeisterte Wagnis wird es Ihnen danken!

Kunstreiter

Ein Erwachsener steht in Bankstellung, das Kind auf seinem Rücken

1 - 2 Jahre	• sitzt, ohne sich mit den Händen festzuhalten
2 - 3 Jahre	• steht seinerseits in Bankstellung oder sitzt freihändig, während das »Pferdchen« sich langsam fortbewegt
3 - 4 Jahre	• steht in Bankstellung auf dem »laufenden Pferdchen«

Akrobat

Ein Erwachsener liegt rücklings auf dem Boden, die Beine angewinkelt, so daß die Fersen das Gesäß berühren und die Knie nach oben zeigen.

1 - 2 Jahre	• das Kind klettert auf die Knie und setzt sich darauf
2 - 3 Jahre	• sitzt freihändig auf den Knien
3 - 4 Jahre	• wer kann auf den Knien stehen? (zumindest anfangs wird Festhalten notwendig sein!)

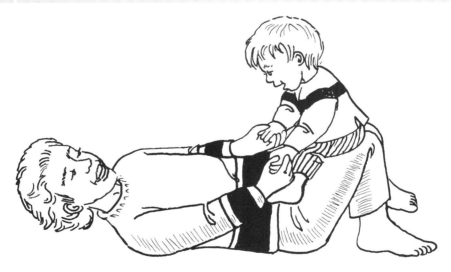

Fliegen

1 - 2 Jahre 2 - 3 Jahre 3 - 4 Jahre	Ein Erwachsener liegt rücklings auf dem Boden, Beine geschlossen senkrecht nach oben ausgestreckt. Das Kind legt sich mit der Hüfte bäuchlings auf die Fußsohlen des Erwachsenen. Bis die richtige Position mit gestrecktem Körper und Beinen erreicht ist, bleiben beide Hände auf den Händen des Erwachsenen aufgestützt. Wer streckt die Arme seitlich aus und »fliegt«?

Vorschläge für weitere Balancierübungen im Haus finden Sie ab Seite 61.

Übungen zur Bewegungserfahrung

Risiko erfahren und meistern:
Hoch hinaufklettern und von oben herunterspringen

Für dieses Thema bietet sich der Spielplatz an. Die Spielgeräte sollten nicht nur auf die vorgesehene Weise genutzt werden. Erfinden Sie auch unorthodoxe Spielmöglichkeiten gemeinsam mit dem Kind! Dabei brauchen der Phantasie nur die Grenzen gesetzt zu werden, die die Sicherheit erfordert. Das Kind soll selbst entscheiden, ob und wie es hinaufsteigen und vor allem, wann es springen möchte, und ob es allein springen möchte oder von der Hand eines Erwachsenen (emotional) gesichert. Später kann der Erwachsene sich bereitstellen, das Kind nur noch aufzufangen, ohne seine Hand zu halten.

Hinweis: Sie sollten das Kind nicht wirklich »auffangen« wie einen Ball, sondern den Aufsprung auf dem Boden zusammen mit ihm abfedern. So kann es den Bewegungsablauf des Aufspringens und Abfederns ausprobieren und lernen.

Bald will das Kind die Höhe steigern. Es kann allerdings oft lange dauern, bis ein Kind sich entschließt, von einer ungewohnten Höhe hinabzuspringen. Diese Zeit ist für den Entscheidungsprozeß für oder gegen das Wagnis notwendig, und diese Zeit sollten Sie dem Kind gönnen. Sie fördern damit seine Fähigkeit, Entschlüsse zu fassen. Andererseits braucht ein Kind, dessen Selbstvertrauen nicht so ausgeprägt ist, vielleicht die emotionale Stütze eines vertrauten Erwachsenen, der das erste Mal den Sprung mit ihm zusammen wagt.

Obwohl es durchaus denkbar wäre, solche Sprünge von oben herab auch im Haus durchzuführen, besteht doch die Gefahr, daß das Kind in einem unbeobachteten Moment allein springen möchte. Um dieses Risiko zu vermeiden, sollten solche Übungen dem Spielplatz oder der Turnhalle vorbehalten bleiben, wo eine Aufsicht normalerweise gegeben ist.

Schaukeln, Hängen und Fliegen

Das Schaukeln ist von entscheidender Bedeutung für die Ausbildung des Gleichgewichtssystems. Aus diesem Grunde sollte sich diese Bewegungsform nicht auf die Nutzung einschlägiger Geräte auf Spielplätzen beschränken. Auch im Garten und sogar im Haus finden sich zahlreiche Möglichkeiten, Schaukelvorrichtungen anzubringen. Ein an einem Baumast oder an der Zimmerdecke befestigtes dickes Seil mit einer Schlaufe am Ende oder mit einer mittig durchbohrten Holzscheibe sind oftmals reizvoller und abwechslungsreicher zu nutzen als ein herkömmliches Schaukelbrett. Prüfen Sie die Tragfähigkeit des Aufhängeortes und etwaige Klemmgefahr zwischen Seil und Sitz vor dem Anbringen!

Akrobaten

1 - 2 Jahre 2 - 3 Jahre	• Halten Sie das Kind vor sich, Ihre Arme von hinten unter seinen Achseln durchführend und die Hände vor der Brust des Kindes verschränkend. Schaukeln Sie es seitwärts, vorwärts und rückwärts. Grätschen Sie die Beine, so daß die Beine des Kindes zwischen Ihren nach hinten schwingen. Kleine, leichte Kinder können Sie an den Händen halten (auf trockene Handflächen achten - Abrutschgefahr!) • Das Kopfüber-Schaukeln stellt eine reizvolle Abwechslung dar: Heben Sie das Kind auf Ihre Hüften, Bauch an Bauch, die Beine des Kindes gegrätscht. Halten es von unten an den Oberschenkeln fest, so daß es auf Ihren Unterarmen sitzt. Dann lehnt das Kind, von Ihren Händen unterstützt, vorsichtig den Oberkörper so weit zurück, bis der Rumpf nach unten hängt. Ihre Oberarme klemmen dabei die Unterschenkel des Kindes zusätzlich fest. Auch in dieser Position kann seitwärts und vorwärts-rückwärts geschaukelt werden, bei gegrätschten Beinen des Erwachsenen.
3 - 4 Jahre	• Eine ähnliche Übung läßt sich aus einer »Schubkarren«-Position heraus aufbauen, nun allerdings mit entgegengesetzten Blickrichtungen, bei der der Erwachsene die Oberschenkel des Kindes so umfaßt, daß dieses kopfüber hängend zwischen seinen Beinen hindurchsehen kann.

Hinweis: Achten Sie beim vorwärts-rückwärts-Schaukeln darauf, daß ein übermäßiges Überstrecken (Nach-hinten-Biegen) der Wirbelsäule vermieden wird.

Schaukeln

Das Kind kann lernen, aus eigener Kraft zu schaukeln, wenn es sich an einen von einem Erwachsenen mit beiden Händen an den Enden gehaltenen Besenstiel hängt:

1 - 2 Jahre	• mit beiden Händen festhalten. Die Schaukelbewegung wird in diesem Alter noch hauptsächlich von dem die Stange stützenden Erwachsenen verursacht.
2 - 3 Jahre	• mit einer Hand festhalten • eine von dem Erwachsenen verursachte Schaukelbewegung selbst verstärken bzw. weiterführen • in den Kniekehlen und mit Festhalten der Hände an der Stange geschaukelt werden (die Knie gegen Abrutschen sichern: ein Erwachsener legt seinen Unterarm quer über die Unterschenkel des Kindes)
3 - 4 Jahre	• ohne Festhalten der Hände in den Kniekehlen an die Stange hängen und geschaukelt werden (hierbei besonders sichern!) oder auch selbst schaukeln

Tip: Je nach Länge des Stabes können auch zwei Kinder auf einmal schaukeln. Mit ein wenig Unterstützung in der richtigen Phase des Schwunges wird das Kind bald gelernt haben, wann und wie es die Weite des Schaukelns selbst durch Beugen und Strecken des Rumpfes beeinflussen kann.

Hinweis: Bei diesen Übungen ist darauf zu achten, daß die die Stange haltenden Erwachsenen den Körper gerade halten. Eine Vorneigung des Rumpfes, besonders ein Abknicken nach vorn in der Hüftgegend, aber auch eine Hohlkreuzhaltung belasten die Wirbelsäule ungünstig und müssen deshalb vermieden werden.

Eine weitere Möglichkeit ist die Anbringung einer Reckstange in einem Türrahmen. Auch sie erlaubt die verschiedensten Arten des Schaukelns, bei verstellbarer Höhe sogar die Befestigung eines konventionellen Schaukelsystems mit Sitzbrett.

Rollen und Wälzen

Roll- und Wälzbewegungen beinhalten einen Augenblick der räumlichen Orientierungslosigkeit, der Ungewißheit - »ob ich diesen Moment wohl überstehe?« - , die einen großen Teil des Reizes dieser Bewegungsabläufe für Kinder ausmachen. Abgesehen von der Herausforderung des Selbstvertrauens, der Überwindung der Angst vor dem Ungewissen, tragen diese Übungen zur Stabilisierung des Gleichgewichtssystems bei. Deshalb sollten sie jedem Kind in vielen Variationen ermöglicht werden.

Die Walze

1 - 2 Jahre	• auf dem Teppich ausgestreckt, Arme über dem Kopf, wird das Kind erst von einem Erwachsenen hin- und hergewälzt, dann versucht es, sich aus eigener Kraft seitwärts zu wälzen. Im Anschluß wälzt das Kind den Erwachsenen hin und her! • Der Erwachsene kauert sich zu einer »Kugel« zusammen und läßt sich von dem Kind in alle Richtungen hin- und herwälzen. Dann werden die Rollen gewechselt, jetzt wird das Kind hin- und hergewälzt.
2 - 3 Jahre	• eine Schräge hinabwälzen: auf einem abschüssigen Rasenstück, einer Matratze, die mit einer Schmalseite auf Stühle, Sofa o.ä. aufgelegt wurde. • je nach Gefälle kann das Kind mit gestrecktem Körper seitlich hinunterwälzen
3 - 4 Jahre	• mit einem Purzelbaum hinunterrollen • vielleicht sogar mit einem Purzelbaum rückwärts

Hinweis: Der Aufbau der Schräge ist auf Seite 63 beschrieben.

Purzelbaum

3 - 4 Jahre	Das Kind legt sich bäuchlings quer über die Sitzfläche eines etwa kniehohen Hockers und schiebt den Rumpf so weit nach vorn, daß die Hände den Teppich oder die Matratze erreichen. Wenn nötig, halten Sie die Beine des Kindes so lange fest, bis seine Hände sicher den Körper stützen. Dann rollt das Kind in einen Purzelbaum ab. Halten Sie dabei mit einer Hand den Hinterkopf des Kindes so, daß sein Kinn auf die Brust gedrückt wird. Achten Sie auch auf gleichmäßiges Abstützen mit beiden Händen. Den Zeitpunkt des Losrollens bestimmt das Kind allerdings allein. Diese Entscheidung, das Risiko zu wagen, sollte ihm nicht abgenommen werden.

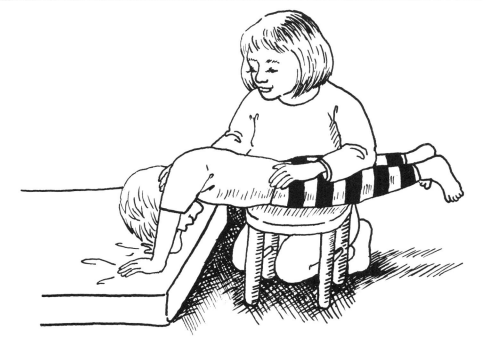

Schnelligkeit erfahren

Die eigene Schnelligkeit erproben

Das schnelle Laufen ist auch für kleinere Kinder, sobald sie einigermaßen sicher auf den Beinen sind, eine herausfordernde Aufgabe. Die beste Gelegenheit, seine eigene Geschwindigkeit auszuprobieren, ergibt sich im Wettlauf - sei es gegen sich zurückhaltende Erwachsene oder gegen andere, motorisch etwa gleich entwickelte Kinder. Dabei darf nicht das Gewinnen oder Verlieren im Vordergrund stehen, sondern die Erfahrung, so schnell wie möglich zu laufen und den Rausch der durch eigene Kraft erlangten Geschwindigkeit zu erleben. Die Strecke sollte anfangs kurz sein: für Zweijährige nicht mehr als zehn Meter; für Drei- bis Vierjährige können es schon zwanzig oder fünfundzwanzig Meter sein. Auch hier gilt: Das Kind zeigt durch sein Verhalten sehr schnell, welche Distanz individuell geeignet ist.

1 - 2 Jahre	• Wer kommt am schnellsten bei der Mutter/dem Vater an? Der Erwachsene stellt sich am gegenüberliegenden Rand des Raumes auf und das Kind läuft auf Kommando los. Beim Ankommen wird das Kind unter den Armen »aufgefangen«, hochgehoben und im Kreis herumgeschwungen. Diese Übung macht erfahrungsgemäß auch älteren Kindern sehr viel Spaß.
2 - 3 Jahre 3 - 4 Jahre	• *Wir sind alle Zirkuspferde, die friedlich auf der Weide herumtraben. Auf einmal knallt der Zirkusdirektor mit der Peitsche* (ein Erwachsener klatscht in die Hände), *und da rennen wir alle, so schnell wir können, in den Stall. Danach kommen wir wieder heraus und traben weiter auf der Weide herum*

Die Geschwindigkeit bewegter Objekte erleben

Rollende Bälle sind ein ideales Mittel, um Erfahrungen im Einschätzen von Geschwindigkeiten zu sammeln, einer für das spätere Verhalten im Straßenverkehr lebenswichtigen Fähigkeit.

1 - 2 Jahre	• einen Ball ganz schnell und ganz langsam von einer Wand zur anderen rollen
2 - 3 Jahre	• der Erwachsene steht vor dem Kind in zwei bis drei Metern Entfernung und rollt den Ball durch die gegrätschten Beine des Kindes. Wer kann den Ball erwischen, wenn er zwischen den Beinen durchrollt? • Wer kann den Ball so schnell zwischen den Beinen des Erwachsenen durchrollen, daß er ihn nicht erwischt?
3 - 4 Jahre	• der Erwachsene rollt den Ball weg, das Kind versucht, ihn einzuholen und abzufangen • Wer kann seinen Ball selbst wegrollen und ihn dann im Lauf überholen?

Übungen zur Rhythmikschulung, Lieder und Tänze

Das Rhythmusgefühl bestimmt nicht nur die Fähigkeit, beim Singen eines Liedes den Takt konstant zu halten oder beim Klatschen oder Trommeln ein vorgegebenes rhythmisches Muster zu erkennen. Es beeinflußt auch die Ausführung komplexer Bewegungsabläufe, denn die rhythmische Struktur eines Bewegungsablaufes ist ein Merkmal, das den Krafteinsatz in den verschiedenen Bewegungsphasen bestimmt und damit die Chancen, die Bewegung erfolgreich durchzuführen. So legt der Rhythmus des Anlaufes zusammen mit dem Absprung und der Landung (»ta-ta-ta-ta-ta -tamm —ta - ta«) den Krafteinsatz in den verschiedenen Momenten des Bewegungsablaufes fest und beeinflußt damit maßgeblich den Erfolg, d.h. das Überspringen des Hindernisses.

Hat ein Kind schon früh die Möglichkeit, verschiedenartige Rhythmen kennenzulernen und in der Bewegung auszuprobieren, so wird es später eine bessere Ausgangsbasis für das Erlernen schwierigerer Bewegungsabläufe haben. Sein motorisches Gedächtnis verfügt über eine große Auswahl an rhythmischen Strukturen und kann diese zur Verwendung in neuen Situationen abrufen. Dagegen muß ein Kind mit weniger rhythmischer Erfahrung diese Muster erst mit großem Aufwand aufbauen. Dies verlängert den Lernprozeß, nicht nur beim Erlernen von Bewegungsabläufen im Sport, z.B. beim Fahrradfahren, sondern auch beim Schreibenlernen oder beim Erlernen handwerklicher Fertigkeiten.

Außer dem intuitiven Erkennen und Wiedergeben von Bewegungsrhythmen ist auch das Sich-Einfügen in den Rhythmus einer Gruppe eine wichtige Fähigkeit. Beim Tauziehen oder auch beim Rudern kommt es nicht nur darauf an, daß jeder Beteiligte seine maximale Kraft einsetzt, sondern auch darauf, daß alle Beteiligten ihre Kraft im gleichen Moment einsetzen. Diese Fähigkeit kann durch gemeinsam gesungene Lieder, die von Bewegung begleitet werden, oder durch Tanzspiele und solche Spiele, bei denen der Erfolg direkt vom Zusammenspiel der Bewegungen der einzelnen Gruppenmitglieder abhängt, gefördert werden.

Namen rhythmisieren und mit Bewegung begleiten

«Jo - han - na«, »Ka - ro - li - na«, »Max«, usw. Jede Silbe wird begleitet mit

1 - 2 Jahre	• Klatschen, Stampfen, auf den Boden klopfen
2 - 3 Jahre	• einem Schritt: Wer kommt mit seinem Namen am weitesten? Auch der Nachname darf mit hinzugenommen werden!
3 - 4 Jahre	• einem Sprung mit geschlossenen Füßen: Welches Tier kommt am weitesten? (z.B. E-le-fant) • betonte Silben mit einem großen, unbetonte mit einem kleinen Schritt begleiten.

Rhythmus durch Bewegung darstellen

Die naheliegendste Möglichkeit finden wir in den Kinderliedern, die durch Bewegungen begleitet werden können: »Brüderchen, komm, tanz mit mir«, »Wer will fleißige Handwerker sehn, ...«. Achten Sie darauf, nicht nur Lieder im 4/4-Takt zu singen. »Suse, liebe Suse, was raschelt im Stroh?« ist ein Beispiel für ein im 3/4-Takt gesungenes Lied. Viele andere finden sich in Lieder- und Kinderbüchern. Alle Lieder sollten von einfachen Tanzschritten oder darstellenden Bewegungen begleitet sein, denn das Kind lernt überwiegend aus der Bewegung.

Der lange Eisenbahnzug
«Tschuf - tschuf - tschuf - die Eisenbahn, wer will mit zum Turnen fahr'n? Alleine fahren mag ich nicht, da nehm' ich meine Freunde mit.«
Hierbei bewegt sich der Zug langsam, dann immer schneller vorwärts.

1 - 2 Jahre	• Eisenbahn: Aufstellung im Kreis mit Handfassung
2 - 3 Jahre	• alle stellen sich hintereinander auf und fassen den Vordermann an den Hüften. Dann setzt sich der Zug langsam in Bewegung:
3 - 4 Jahre	• Vielleicht können die Schritte sogar von allen Kindern mit demselben Fuß (rechts oder links) ausgeführt werden.

Freies Tanzen

Zu rhythmisch klarer und einprägsamer Musik wird frei getanzt, z.B. Walzer, Samba, Marsch, Stücke mit Pan-Flöte oder Harfe oder Kinderlieder

1 - 2 Jahre 2 - 3 Jahre	• Erwachsene und Kinder tanzen frei
3 - 4 Jahre	• wir sind berühmte Balletttänzer und üben für eine große Auffführung (Walzer, Harfe)

Tip: Besonders interessant ist es, wenn die Kinder sich beim Tanzen in einem großen Spiegel beobachten können. Es kommt dabei nicht darauf an, daß die Bewegung strikt dem Rhythmus der Musik folgt, sondern daß die Kinder Gelegenheit haben, ihre Empfindung der Musik durch Bewegung auszudrücken. Die intuitive Unterscheidung der verschiedenen Rhythmen stellt sich hierbei von selbst ein. Ballettypische Bewegungen sollten nicht den Sinn dieser Übung ausmachen. Auch ungewöhnliche Interpretationen der Musik sind bei dieser Gelegenheit über die Bewegung, aber durchaus auch verbal (»Das Lied ist groß und blau!«) erlaubt.
Das aktive Mittanzen der Erwachsenen ist bei dieser Übung besonders wichtig, da es dazu beiträgt, Hemmungen abzubauen.

Hindernisläufe

Es kommt hier nicht auf das fehlerlose Überspringen der Hindernisse an, sondern auf die Erfahrung des Laufrhythmus.

3 - 4 Jahre	Eine lange Reihe aus mindestens sechs Bohnensäckchen wird im Abstand von zwei (Kinder)schrittlängen ausgelegt: Wer kann mit nur zwei Schritten zwischen den Bohnensäckchen über jedes drüberspringen, ohne draufzutreten? (Erfahrungsgemäß erfordert es einige Durchgänge, bis der Rhythmus des Wechsels zwischen Laufschritten und Sprüngen verinnerlicht wurde)

Literaturauswahl

In diese Liste fanden ausschließlich Werke von allgemeinem Interesse und Verständlichkeit Eingang; Fachliteratur sowie wissenschaftliche Werke und Bücher älteren Datums sind in vielen öffentlichen Bibliotheken vorhanden.

Bücher zum Thema Sport im Vorschulalter

BLUMENTHAL, Ekkehard. Vorschulturnen an Geräten. Ein Beitrag zur Entwicklungsförderung der 3- bis 5jährigen. Schorndorf, Hofmann Verlag 1988
BLUMENTHAL, Ekkehard. Bewegungsspiele für Vorschulkinder. Ein Beitrag zur Entwicklungsförderung der 3 - bis 5jährigen. Schorndorf, Hofmann Verlag 1986.
DIEM, Liselott. Gesunde Kinder durch Körperpflege und Bewegung. München, Kösel Verlag, 1985
JEITNER-HARTMANN, Bertrun (Hrsg.). Das große Ravensburger Buch der Kinderbeschäftigung. Ravensburg, Otto Maier Verlag 1991.
NICKEL, Ulrich. Kinder brauchen ihren Sport. Celle, Pohl Verlag, 1990
SCHWÄBISCHER TURNERBUND (Hrsg.). Bewegungserziehung im Vorschulalter. Das Stuttgarter Modell. Schorndorf, Hofmann Verlag, 1979.
STEIN; Gisela. Kleinkinderturnen ganz groß: drei- bis siebenjährige Kinder erleben Bewegung und Spiel in Verein, Grundschule und Kindergarten. Aachen, Meyer & Meyer Verlag, 1994
ZIMMER, Renate. Sport und Spiel im Kindergarten. Aachen, Meyer & Meyer Verlag, 1992.

Bücher zur Entwicklung des Kindes

KIPHARD, Ernst J. Wie weit ist ein Kind entwickelt? - Eine Anleitung zur Überprüfung der Sinnes- und Bewegungsfunktionen. Dortmund, Verlag Modernes Lernen, 1976
MEINEL, Kurt & SCHNABEL, Günter. Bewegungslehre. Berlin, Vokseigener Verlag Volk und Wissen, 1977

Liederbücher

(zu vielen dieser Bücher sind auch Tonträger erhältlich)

BEERMANN, Marlies u.a. Musik + Tanz Spielekartei für Klingelgespenster und Hüpfflöhe ab 3 Jahren. Münster, Ökotopia-Verlag, 1991
BEERMANN, Marlies u.a. Tänze für 1001 Nacht. Münster, Ökotopia-Verlag, 1995
JÖCKER, Detlev. Ich bin ein kleiner Racker. Münster, Menschenkinder Verlag, 1990
JÖCKER, Detlev. Eins, zwei, drei im Sauseschritt. Münster, Menschenkinder Verlag, 1990
JÖCKER, Detlev. Und weiter geht's im Sauseschritt. Münster, Menschenkinder Verlag, 1990
JÖCKER, Detlev. Elefantis Liederwiese. Münster, Menschenkinder Verlag, 1990

KÖTTERITZ, Werner & RUDOLPH, Annet. Ich bin der starke Löwe. Schwann im Patmos Verlag, 1991

KREUSCH-JACOB, Dorothee. Ravensburger Lieder-Spielbuch für Kinder. Ravensburg, Otto Maier Verlag, 1978

VAHLE, Frederik. Das Anne Kaffeekanne Liederbuch. Dortmund, Pläne Verlag , 1987

ZUCKOWSKI, Rolf. Die Jahresuhr. Hamburg, Sikorski Verlag

ZUCKOWSKI, Rolf. Alle Lieder von Radio Lollipop. Hamburg, Sikorski Verlag

ZUCKOWSKI, Rolf. Rolfs neue Schulweg-Hitparade. Hamburg, Sikorski Verlag.

Bewegungsspiele für Kinder

BREUCKER, Annette. Schmusekissen Kissenschlacht. Münster, Ökotopia-Verlag, 1993

KASPRIK, Birgit. Wi- Wa- Wunderkiste. Münster, Ökotopia-Verlag, 1995

BREUCKER, Annette. Da ist der Bär los. Münster, Ökotopia-Verlag, 1990

Die Autorin

Bettina Ried

hat sich seit ihrer Kindheit dem Sport verschrieben, wobei Sport als kreatives, ganzheitliches Erleben eindeutigen Vorrang vor dem Leistungsanspruch hat. Einen wesentlichen Teil ihres Lebens verbrachte sie in São Paulo (Brasilien), wo sie Sportwissenschaften und -pädagogik studierte und als Dozentin für Sportgeschichte und Sportdidaktik lehrte. Inzwischen selbst Mutter von zwei Kindern, ist sie seit einigen Jahren wieder als Übungsleiterin für Mutter-Kind-Turnen, Vorschul- und Grundschulturnen tätig. Das vorliegende Buch vereint die praktischen Erfahrungen der Übungsleitertätigkeit mit den Ergebnissen langjährigen sportwissenschaftlichen Engagements.

Kinder begeistern ...
mit Liedern, Tänzen und Geschichten aus dem Ökotopia Verlag

Michi Vogdt
Helau, Alaaf und gute Stimmung
Närrische Tanz- und Feierlieder zum Mitsingen und Austoben für kleine und große Jecken
Eine lustige Zusammenstellung für Karnevalspartys aller Art. Vom Mitmach-Marsch über Samba bis zum Alpen-Rap sind diese närrischen Songs eine echte Fundgrube.
ISBN (CD): 978-3-936286-32-8 · ISBN (Buch): 978-3-936286-31-1

Rolf Zuckowski
Feste feiern rund um die Jahresuhr
16 Gute Laune Lieder für alle Jahreszeiten
Eine bunte Zusammenstellung der beliebtesten Hits von Rolf Zuckowski zum Mitsingen und Mitmachen
ISBN (CD): 978-3-936286-69-4 · ISBN (Buch): 978-3-936286-68-7

Hartmut E. Höfele
Lichterfeste
Stimmungsvolle Lieder und Geschichten zum Mitsingen, Zuhören, Tanzen und Feiern in der Lichterzeit
Eine Mischung aus traditionellen Laternenlauf-Liedern und neuen Kompositionen und Geschichten rund um das Licht.
ISBN (CD): 978-3-936286-67-0 · ISBN (Buch): 978-3-936286-66-3

Hartmut E. Höfele
Feuerwerk und Funkentanz
Stimmungsvolle Lieder, Tänze und Geschichten rund ums Thema Feuer
Die Titel animieren zum Mitsingen und sorgen beim gemeinschaftlichen Lagerfeuer für Stimmung.
ISBN (CD): 978-3-931902-86-5 · ISBN (Buch): 978-3-931902-85-8

Michi Vogdt
Hallo Halloween
Lustig-schaurige Lieder zum Gruseln und Mittanzen
Mit ebenso humorvollen wie gruseligen Liedern und kurzen Infotexten vermittelt die CD neben Klamauk und Festspaß viel Wissenswertes rund um das Halloween-Fest.
ISBN (CD): 978-3-936286-28-1 · ISBN (Buch): 978-3-936286-27-4

ERDENKINDER KINDERWALDCHOR
Unmada M. Kindel
Wunderwasser
Starke Lieder und Tänze aus dem Kinderwald
Die Melodien und Rhythmen fordern auf zum Tanz, aber auch zum Träumen und Innehalten.
ISBN (CD): 978-3-931902-66-7 · ISBN (Buch): 978-3-931902-65-0

Der Fachverlag für gruppen- und spielpädagogische Materialien

Ökotopia Verlag und Versand

Fordern Sie unser
kostenloses Programm an:

Ökotopia Verlag
Hafenweg 26a · D-48155 Münster
Tel.: (02 51) 48 19 80 · Fax: 4 81 98 29
E-Mail: info@oekotopia-verlag.de

Besuchen Sie
unsere Homepage!
Genießen Sie
dort unsere Hörproben!

http://www.oekotopia-verlag.de
und www.weltmusik-fuer-kinder.de

Reihe: Pädagogische Kompetenz

Elke Schlösser
Zusammenarbeit mit Eltern – interkulturell

Informationen und Methoden zur Kooperation mit deutschen und zugewanderten Eltern in Kindergarten, Grundschule und Familienbildung

Elternarbeit wird von ErzieherInnen und PädagogInnen oft als notwendiges Übel empfunden, und Zuwanderer-Familien scheinen dabei meist ein besonderes „Problem" darzustellen.
Dass Elternarbeit auch konstruktive Zusammenarbeit bedeuten kann, beweist das vorliegende Buch. Die Autorin zeigt kreative Wege auf, die Kooperation mit allen Eltern zu initiieren und fruchtbar werden zu lassen. Zugewanderte Eltern werden hier als Menschen mit besonderen Erfahrungen und sprachlichem und kulturellem Fachwissen begriffen, das genutzt werden kann und soll.
PädagogInnen erhalten methodische Anleitungen zur Umsetzung interkultureller Gesprächsführung bei Aufnahme- und Tür-und-Angel-Gesprächen, für Gruppenarbeit und thematische Elternabende. Die Autorin macht Mut neue Wege zu gehen und den Dialog zwischen deutschen und zugewanderten Eltern zu fördern.

ISBN: 978-3-936286-39-7

Monika Rosenbaum, Barbara Schlüter
Kindern den Frieden erklären

Krieg und Frieden als Thema in Kindergarten und Grundschule

Ein aktionsorientierter Pädagogik-Ratgeber für alle, die zum Frieden erziehen wollen, ohne die Existenz von Krieg und Gewalt auszublenden. Krieg im Kinderspiel, Aggressionstheorien und der konstruktive Umgang mit Konflikten sind nur einige der Themen. Hintergrundinfos werden ergänzt durch Aktionsangebote für die Kindergruppe und die Arbeit im Team.

ISBN (Buch): 978-3-936286-64-9

Pit Budde, Josephine Kronfli
Shalom – Salam – peace4kids
Internationale Kinderlieder für den Frieden

Auf der CD finden sich Texte und Anregungen für ein friedliches Miteinander der Kinder dieser Welt.

ISBN (CD): 978-3-936286-65-6

Petra Hinderer, Martina Kroth
Kinder bei Tod und Trauer begleiten

Konkrete Hilfestellungen in Trauersituationen für Kindergarten, Grundschule und zu Hause

Jährlich sind tausende von Kindern vom Tod einer nahe stehenden Person betroffen, ob innerhalb der eigenen Familie oder in Kindergarten oder Grundschule. Die meisten Erwachsenen sind angesichts trauernder Kinder verunsichert und fühlen sich häufig überfordert, sodass diese oft auf sich allein gestellt bleiben und in ihrer unterschiedlichen Art der Trauer nicht wahr- und ernst genommen werden.

Doch Kinder brauchen Hilfestellungen, um mit ihren Verlusten umzugehen und ihre Ängste zu bewältigen. Die beiden Autorinnen geben dazu konkrete Anregungen: von der Elterninformation über die Aussprache im Kollegium bis hin zur gemeinsam gestalteten Trauerfeier. Voraussetzung für das Eingehen auf das trauernde Kind, die Bedürfnisse der Gruppe und der Betreuenden ist die eigene Auseinandersetzung mit dem meist tabuisierten Thema. Die Kunst, sich nicht zu identifizieren und Kinder trotzdem einfühlsam zu begleiten, wird anschaulich vermittelt.
Daneben gibt es Anregungen, bereits im Vorfeld eine Kultur des „abschiedlichen Lebens" in der Einrichtung zu entwickeln. Kinder bekommen so die Möglichkeit, Verlust und Trauer spielerisch zu begreifen.

ISBN: 978-3-936286-72-4

Sybille Günther
In Projekten spielend lernen

Grundlagen, Konzepte und Methoden für erfolgreiche Projektarbeit in Kindergarten und Grundschule

Projekte in Kindergarten und Grundschule eignen sich auf hervorragende Weise in einer begrenzten Zeit eine Fülle von Fähigkeiten zu fördern, Zusammenhänge zu erkennen, vernetzt zu arbeiten und den Einzelnen mit seinen Vorlieben und Kompetenzen optimal einzubinden.
Dieses Buch zeigt allen pädagogisch Tätigen leicht verständlich, wie sie ein Projekt sinnvoll initiieren, planen und so begleiten können, dass alle Beteiligten berücksichtigt werden:
- Ausgehend von der Geschichte der Projektarbeit allgemein führt der erste Teil hin zum Einsatz der Methode in Kindergarten und Grundschule.
- Im zweiten Teil rückt die Projektarbeit im Kindergarten in den Mittelpunkt: Zielklärung, Themenwahl, Methodik, die vier Phasen der Projektarbeit.
- Den dritten Schwerpunkt bildet die sichere Planung von Projekten in der Grundschule: Zielklärung und Methodik, Projektanregungen zu einzelnen Fächern und Fächerverbünden, Projektdurchführung als Einzel- wie auch als gemeinsames Schulprojekt.

ISBN: 978-3-86702-001-5

Kinder spielen Geschichte

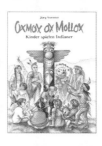

Floerke + Schön

Markt, Musik und Mummenschanz

Stadtleben im Mittelalter

Das Mitmach-Buch zum Tanzen, Singen, Spielen, Schmökern, Basteln & Kochen

ISBN (Buch): 978-3-931902-43-8
ISBN (CD): 978-3-931902-44-5

H.E. Höfele, S. Steffe

Der wilde Wilde Westen

Kinder spielen Abenteurer und Pioniere

ISBN (Buch): 978-3-931902-35-3
ISBN (CD): 978-3-931902-36-0

Jörg Sommer

OXMOX OX MOLLOX

Kinder spielen Indianer

ISBN: 978-3-925169-43-4

Bernhard Schön

Wild und verwegen übers Meer

Kinder spielen Seefahrer und Piraten

ISBN (Buch): 978-3-931902-05-6
ISBN (CD): 978-3-931902-08-7

Im KIGA, Hort, Grundschule, Orientierungsstufe, offene Kindergruppen, bei Festen und Spielnachmittagen

Auf den Spuren fremder Kulturen

Die erfolgreiche Reihe aus dem Ökotopia Verlag

H.E. Höfele - S. Steffe

Kindertänze aus aller Welt

Lebendige Tänze, Kreis-, Bewegungs- und Singspiele rund um den Globus

ISBN (Buch): 978-3-936286-40-3
ISBN (CD): 978-3-936286-41-0

P. Budde, J. Kronfli

Regenwald & Dschungelwelt

In Spielen, Liedern, Bastelaktionen, Geschichten, Infos und Tänzen die faszinierende Welt der Regenwälder erleben

ISBN (Buch): 978-3-936286-96-0
ISBN (CD): 978-3-936286-97-7

Monika Rosenbaum

Pickadill & Poppadom

Kinder erleben Kultur und Sprache Großbritanniens in Spielen, Bastelaktionen, Liedern, Reimen und Geschichten

ISBN (Buch): 978-3-936286-11-3
ISBN (CD): 978-3-936286-12-0

Kinderweltmusik im Internet
www.weltmusik-fuer-kinder.de

WELTMUSIK FÜR KINDER

Comenius Siegel 2005

H.E. Höfele, S. Steffe

In 80 Tönen um die Welt

Eine musikalisch-multikulturelle Erlebnisreise für Kinder mit Liedern, Tänzen, Spielen, Basteleien und Geschichten

ISBN (Buch): 978-3-931902-61-2
ISBN (CD): 978-3-931902-62-9

Pit Budde, Josephine Kronfli

Wer sagt denn hier noch Eskimo?

Eine Reise durch das Land der Inuit mit Spielen, Liedern, Tänzen und Geschichten

ISBN (Buch): 978-3-936286-73-1
ISBN (CD): 978-3-936286-74-8

D. Both, B. Bingel

Was glaubst du denn?

Eine spielerische Erlebnisreise für Kinder durch die Welt der Religionen

ISBN: 978-3-931902-57-5

Hartmut E. Höfele

Europa in 80 Tönen

Eine multikulturelle Europareise mit Liedern, Tänzen, Spiele und Bräuchen

ISBN (Buch): 978-3-931902-87-2
ISBN (CD): 978-3-931902-88-9

Pit Budde, Josephine Kronfli

Hano Hanoqitho

Frühling und Osterzeit hier und anderswo

Ein internationaler Ideenschatz mit Spielen, Liedern, Tänzen, Geschichten, Bastelaktionen und Rezepten

ISBN (Buch): 978-3-936286-56-4
ISBN (CD): 978-3-936286-57-1

Miriam Schultze

Sag mir, wo der Pfeffer wächst

Spielend fremde Völker entdecken

Eine ethnologische Erlebnisreise für Kinder

ISBN: 978-3-931902-15-5

Der Fachverlag für gruppen- und spielpädagogische Materialien

Ökotopia Verlag und Versand

Fordern Sie unser kostenloses Programm an:

Ökotopia Verlag
Hafenweg 26a · D-48155 Münster
Tel.: (02 51) 48 19 80 · Fax: 4 81 98 29
E-Mail: info@oekotopia-verlag.de

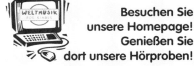

Besuchen Sie unsere Homepage! Genießen Sie dort unsere Hörproben!

http://www.oekotopia-verlag.de
und www.weltmusik-fuer-kinder.de

Gertraud Mayrhofer
Kinder tanzen aus der Reihe
Von Herbstdüften, Frühlingsklängen und Sommerträumen – ein Jahr voller Begegnungen, Berührungen, Bewegung und Tanz

ISBN (Buch inkl. CD): 978-3-936286-45-8

Barbara Huber, Heidi Nicolai
Toben, Raufen, Kräfte messen
Ideen, Konzepte und viele Spiele zum Umgang mit Aggressionen

ISBN: 978-3-931902-41-4

Johanna Friedl
Das Ballspiele-Buch
Rollen, werfen, fangen, zielen - Ballspiele mit Kindern für alle Gelegenheiten

ISBN: 978-3-936286-63-2

Wolfgang Hering
AQUAKA DELLA OMA
88 alte und neue Klatsch- und Klanggeschichten mit Musik und vielen Spielideen

ISBN (Buch): 978-3-931902-30-8
ISBN (CD): 978-3-931902-31-5

Volker Friebel, Marianne Kunz
Rhythmus, Klang und Reim
Lebendige Sprachförderung mit Liedern, Reimen und Spielen in Kindergarten, Grundschule und Elternhaus

ISBN (Buch): 978-3-936286-61-8
ISBN (CD): 978-3-936286-62-5

Sabine Hirler
Kinder brauchen Musik, Spiel und Tanz
Bewegt-musikalische Spiele, Lieder und Spielgeschichten für kleine und große Kinder

ISBN (Buch): 978-3-931902-28-5
ISBN (CD): 978-3-931902-29-2

Andrea Erkert
Das Stuhlkreisspiele-Buch
Bewegte und ruhige Spielideen zu jeder Zeit und zwischendurch

ISBN: 978-3-936286-26-7

Birgit Kasprik
Wi-Wa-Wunderkiste
Mit dem Rollreifen auf den Krabbelberg - Spiel- und Bewegungsanimation für Kinder ab einem Jahr

ISBN: 978-3-925169-85-4

Wolfgang Hering
Kunterbunte Bewegungshits
88 Lieder, Verse, Geschichten, leichte Hip-Hop-Stücke und viele Spielideen zum Mitmachen für Kids im Vor- und Grundschulalter

ISBN (Buch): 978-3-931902-90-2
ISBN (CD): 978-3-931902-91-9
ISBN (Playback-CD): 978-3-931902-95-7

Constanze Grüger
Bewegungsspiele für eine gesunde Entwicklung
Psychomotorische Aktivitäten für Drinnen und Draußen zur Förderung kindlicher Fähigkeiten

ISBN: 978-3-936286-00-7

Bettina Ried
Eltern-Turnen mit den Kleinsten
Anleitungen und Anregungen zur Bewegungsförderung von Kindern von 1-4 Jahren

ISBN: 978-3-925169-89-2

Monika Schneider
Gymnastik-Spaß für Rücken und Füße
Gymnastikgeschichten und Spiele mit Musik für Kinder ab 5 Jahren

ISBN (Buch inkl. CD): 978-3-931902-03-2
ISBN (Buch inkl. MC): 978-3-931902-04-9